O homem que conversa com a vida

Alberto Lustosa

O homem que conversa com a vida

Escolhas que fazemos diante
das oportunidades que a vida nos dá

Diretora
Rosely Boschini

Gerente Editorial Sênior
Rosângela de Araujo Pinheiro Barbosa

Editora
Audrya de Oliveira

Assistente Editorial
Mariá Moritz Tomazoni

Produção Gráfica
Fábio Esteves

Preparação
Elisabete Franczak Branco

Capa
Thiago de Barros

Projeto Gráfico e Diagramação
Vanessa Lima

Revisão
*Thiago Fraga e
Leonardo Dantas do Carmo*

Impressão
Gráfica Assahi

Copyright © 2023 by
Alberto Lustosa
Todos os direitos desta edição
são reservados à Editora Gente.
Rua Natingui, 379 – Vila Madalena
São Paulo, SP – CEP 05443-000
Telefone: (11) 3670-2500
Site: www.editoragente.com.br
E-mail: gente@editoragente.com.br

Dados Internacionais de Catálogo na Publicação (CIP)
Angélica Ilacqua CRB-8/7057

Lustosa, Alberto
O homem que conversa com a vida : escolhas que fazemos diante das oportunidades que a vida nos dá / Alberto Lustosa. – São Paulo : Autoridade, 2023.
192 p.

ISBN 978-65-88523-74-2

1. Desenvolvimento pessoal I. Título

23-3064   CDD 158.1

Índice para catálogo sistemático:
1. Desenvolvimento pessoal

NOTA DA PUBLISHER

Diante da fragilidade da vida, das crises e incertezas, percebemos que é impossível viver plenamente sem alimentar as conexões em nossa volta. Mas o fato de estarmos hiperconectados por meio de nossos celulares não quer dizer que mantemos conexões verdadeiras. Para vivermos da melhor forma possível e tirar o máximo e cada experiência, é preciso distinguir o que importa do que não importa; repensar a forma como nos relacionamos com os outros, e principalmente com nós mesmos. É isso que Alberto Lustosa nos convida a fazer nesta obra.

Após uma bem-sucedida carreira executiva, Alberto decidiu se dedicar a fazer a diferença na vida das pessoas, e é hoje coach da Febracis, a maior escola de negócios da América Latina. Com a intenção de impactar a vida daqueles que buscam evolução pessoal, publica agora seu livro, que de maneira inovadora mistura gêneros para entregar uma experiência única.

O homem que conversa com a vida é uma jornada fascinante que nos convida a refletir sobre os propósitos que norteiam a nossa existência e nos inspira a buscar uma vida mais plena e significativa. É uma leitura transformadora e uma adição muito especial ao catálogo da editora. Aproveite a oportunidade de mergulhar nas páginas desse livro inspirador e descobrir como o encontro entre Fred e Benjamin pode impactar sua própria jornada.

Boa leitura! Que este livro seja uma fonte de sabedoria e inspiração em sua trajetória.

Rosely Boschini – CEO e Publisher da Editora Gente

caro leitor,

Queremos saber sua opinião sobre nossos livros. Após a leitura, curta-nos no facebook.com/editoragentebr, siga-nos no Twitter @EditoraGente, no Instagram @editoragente e visite-nos no site www.editoragente.com.br. Cadastre-se e contribua com sugestões, críticas ou elogios. Boa leitura!

"Na caverna em que você tem medo de entrar está o tesouro que você procura."

JOSEPH CAMPBELL

À professora Dagmar Lustosa Nogueira, minha mãe (*in memoriam*).

À minha esposa, Selma Lustosa,
e aos meus filhos,
Miguel Lustosa e Maria Lustosa,
minhas conexões com a vida.

Diversas pessoas influenciaram diretamente a construção deste livro, algumas já se foram e outras ainda vivem. Em minha vida, amei todas elas:

Altair, Altino, Bil, Billy, Cassius, Dida, Didi, Fiica, Guri, Hadyhara, Jaime, Jô, Nestor, Ney, Numa, Masa, Paulo Vieira, Piccoli, Preto, Salim, Will, Zezé.

**Agradeço à
professora Keila Teixeira.**

"Não sei... Se a vida é curta
Ou longa demais pra nós,
Mas sei que nada do que vivemos
Tem sentido, se não tocamos o coração das pessoas."

CORA CORALINA

SUMÁRIO

PREFÁCIO 20

PRELÚDIO
Manter-se acordado e atento 23

Parte I. PRIMAVERA
A sedução do mal 31
Teoria não enche a barriga de ninguém! 36
Como devo julgar? 38
Solitário mundo dos conectados, ou o Império do 24/7! 40
A verdadeira conexão com a vida 44
Saber viver tem muito compromisso com a Psicologia 46
Como você vê o mundo? 50
Barulhos mentais 55
O intransigente extremista que habita em nós 57

Parte II. VERÃO
A qual fechadura ela pertence? 63
Papel e lápis no bolso da camisa 66
De qual zona você está falando? 68
Um maravilhoso presente da Natureza 74
Época de desatar nós e atar laços 76
Vida longa e próspera! 82
Mostre-me o caminho! 84
Se você quiser ir à Lua 88
O presente 92

Parte III. OUTONO

Sacrifício ou sofrimento 97
Vó, o leite derramou! 112
Por que a humanidade vive tão angustiada? 114
Balde cheio 116
Certos caminhos não têm atalhos.. 118
O hábito de reclamar 120
Tenho esperança de conversar com ele! 124
Cuidado com a armadilha das hipóteses imperativas! 126
Que belo começo! 132

Parte IV. INVERNO

Devemos manter a prataria sempre brilhando! 139
Mar da Galileia ou Mar Morto? 144
As piores dores que o ser humano pode sentir! 152
A efemeridade da vida e os mausoléus da minha infância 154
O arrastar de cadeiras 158
Ninguém vai para o Inferno porque pecou! 162
Um bom pedaço de croissant 168
Deserto e ilha desabitada 170
Suave como veludo 174
Senhor Problema 176

EPÍLOGO

Por favor, poderia me acordar? 187

PREFÁCIO

Faz algum tempo, recebi das mãos de um amigo, que me foi apresentado por um dos inúmeros atalhos da estrada da vida, os originais de um livro. Escusando-se pelo possível incômodo e preocupação que me causaria, considerando as múltiplas atividades que ainda exerço, pedia-me que os lesse e lhe formulasse uma opinião a respeito deste projeto, que lhe serviria de estímulo ou advertência quanto a esta tarefa de que se ocupara.

Dispus-me a conferir os textos deste amigo, o escritor Alberto Lustosa, prometendo-lhe a acuidade na leitura e a sinceridade na opinião. Tratava-se do livro *O homem que conversa com a vida*.

Após a prometida leitura atenta, pus mãos à obra, para emitir conceito de valor sobre o texto de que tomara conhecimento. Expus-lhe minha opinião e disto resultou o que agora deixo aqui registrado.

Quando leio o trabalho de alguém, naturalmente me preocupo em ver tanto a forma quanto o fundo, o tema e o modo como o autor o expõe, o seu estilo, uma vez que, relembrando Taine, "o estilo é o homem".

Com tantos anos imerso na literatura, às vezes me surpreendo com trabalhos que me são apresentados para apreciação, ou mesmo com livros já editados, de autores que me eram desconhecidos.

Ao compulsar os originais, a primeira constatação foi a de que não estava diante de um escritor convencional: um romancista, um contista, um memorialista, um cronista ou um poeta. O livro não se encaixava em nenhuma das espécies naturais dos gêneros prosa e poesia da literatura.

São diálogos uns menores, outros maiores, mas nunca cansativos, entre dois personagens definidos, um idoso e outro maduro, mas ainda jovem, discutindo questões da mais alta relevância, embora em linguagem simples e direta.

Os assuntos tratados, os temas dialogados, levantam e resolvem questões importantíssimas da vida material e espiritual das pessoas. E tudo num nível de profunda racionalidade e discernimento e, o que é melhor ainda, com altas doses de sentimento, de coração, de espiritualidade.

Na medida em que um interlocutor fala, a resposta do outro estabelece a conexão vital entre os dois, e os ensinamentos muitas vezes vêm acondicionados numa única frase!

Este é um livro estranho, diferente — ou, melhor dizendo, *este é um livro especial*. Não se adequa perfeitamente em nenhuma das formas tradicionais da prosa, mas se vale de um sistema psicológico e filosófico extraordinário que é o método dialogal.

Os grandes pensadores e filósofos da Grécia antiga o utilizaram como método de ensino e divulgação de suas ideias, seja em suas obras, como se vê em Platão e Aristóteles, seja nas escolas ao ar livre.

Mas escritores atuais não o utilizam e não o sacralizam como integrante de uma das espécies do gênero prosa. É óbvio que o diálogo aparece nos romances, nos contos etc., mas não de modo a assumirem a direção total, o texto e o contexto da obra, como acontece aqui neste livro.

Tenho dito que a crônica, na prosa, é uma das mais difíceis espécies de manifestação do escritor. Partindo de algo do cotidiano e num texto relativamente curto, a crônica deve prender o leitor do começo ao fim por meio de dois instrumentos essenciais: linguagem simples, comunicativa e agradável, e narrativa que dê singularidade e importância a um fato normalmente corriqueiro. Se fosse só isto (e a dificuldade já seria tamanha), tudo bem. Mas ainda falta o final — o arremate. Tem que ser uma lição, um ensinamento para a vida, uma chamada moral, um alerta essencial.

É como no soneto, decassílabo ou dodecassílabo, da escola Parnasiana. Além e depois de todas as dificuldades formais e exigências de ritmo, de rima, de cesura, de contagem de sílabas poéticas, de número definido e limitado de versos, o último deles tem que ser um encerramento glorioso, triunfal, portentoso: uma chave de ouro!

Pois bem, nesta impressionante obra, o autor coloca duas pessoas a dialogarem, sobre os mais variados temas existenciais, abrangendo em cada um deles as dúvidas, as decepções, o aconselhamento para a vida, o questionamento do sucesso e as perspectivas espirituais da vida neste planeta.

E com que maestria se desenrolam os diálogos. Com que precisão expressional se formulam as perguntas e se constroem as respostas!

Não são contos, nem crônicas. São diálogos, embora cada capítulo pudesse ser perfeitamente uma crônica... E todos os atos, num tempo e num cenário resumidos, no aguardo de um embarque aéreo.

Sou tentado a indicar alguns títulos dos diálogos, apenas como exemplos ilustrativos, mas logo afasto a hipótese. Devo deixar que o leitor se delicie a partir do primeiro capítulo.

É um livro extremamente leve e profundamente denso.

GETULIO TARGINO LIMA
*Escritor, titular da cadeira nº 6 e ex-presidente
da Academia Goiana de Letras*

PRELÚDIO

Manter-se acordado e atento

"Quando alguém sente
um grande desejo
de conhecer a verdade,
Deus envia um mestre."

PARAMAHANSA YOGANANDA

A cadeira do saguão do aeroporto desistiu há muito tempo de moldar-se ao corpo cansado e com ressaca do jovem. Fred, como é conhecido, espera a conexão do voo que o levará de volta de suas férias, e para o início do último ano de faculdade. Ele mal consegue se manter acordado e atento.

— Todo arquiteto deveria ficar, no mínimo, duas horas sentado em uma cadeira de aeroporto para sentir o quanto é desconfortável — pensa em voz alta.

— Concordo plenamente — diz o senhor ao lado dele. — E digo mais, deveriam ser maiores e com encosto para a cabeça.

Dizendo isso, vai afastando sutilmente a cabeça de Fred, que pende sobre o seu ombro.

O rapaz imediatamente se ajeita e, murmurando, pede desculpas. Em seguida, levanta-se, estica as pernas e vai ao banheiro lavar o rosto.

— Caramba, que festa a de ontem! Ah, se eu pudesse deixar a ressaca escoar pelo ralo da pia — resmunga para si mesmo.

Passados alguns minutos, volta e, tão logo se senta, é convidado para um café. É o senhor ao seu lado, já se levantando, quem o convida.

Sem pensar duas vezes, Fred aceita. Quem sabe melhore da enxaqueca. Por sorte, conseguem uma mesa no canto. É um belo camarote e, além de conversar, podem assistir ao ir e vir dos passageiros.

— O senhor está viajando para onde? — pergunta Fred, com o propósito de puxar assunto.

— Eu vim para voltar para casa — responde o senhor de maneira firme e tranquila.

Pensando um pouco melhor sobre a situação em que está, Fred começa a se questionar se tomou a melhor decisão. *Putz, onde eu estava com a cabeça quando aceitei esse convite? Esse senhor não deve ser bom da cabeça. E agora? O que farei para me livrar dessa?*, pensa. *Já sei. Vou tomar o café rapidinho, agradecer e dizer que preciso comprar um comprimido para enxaqueca*, calcula em seus pensamentos.

Logo após se sentarem e se servirem de café e água, o senhor oferece a Fred um remédio para dor de cabeça. Fred fica assombrado e pensa que aquele homem, além de maluco, deve ser bruxo. Ainda assim, aceita.

Mal acaba de engolir o comprimido e o senhor lhe pergunta se, quando criança, sua mãe não havia lhe ensinado a não aceitar coisas de estranhos. Na sequência, emenda e pergunta se ele já tinha ouvido falar da droga "Boa noite, Cinderela".

Quando o homem diz isso, Fred deseja sair correndo para pedir ajuda ou ir ao banheiro colocar o dedo na garganta e vomitar.

Mas não faz nada.

Fica paralisado, como se brincasse de estátua. Deixa-se levar pela situação. Toma água e depois café, e ainda come um biscoito.

Sai do estupor ao ser perguntado para onde estava viajando e responde sem refletir.

É quando ouve o senhor dizer que estava indo para a mesma cidade e no mesmo voo.

Naquele momento, Fred percebe que ainda não sabe o nome do senhor com quem está conversando.

O garoto, ainda um pouco desorientado, fica olhando para o homem à sua frente e calcula que ele deve ter a mesma idade de seu avô, se ele ainda estivesse vivo, uns oitenta anos.

Quando está prestes a perguntar o nome do cavalheiro, o senhor antecipa-se e diz:

— Prazer em conhecê-lo, Fred. Meu nome é Benjamin.

Aquela seria a deixa para Fred se apavorar e sair de fininho, pois em nenhum momento havia dito o próprio nome e, mais uma vez, parecia que seus pensamentos estavam sendo lidos por aquele senhor.

Fred engole em seco e diz a Benjamin que ele tinha algo de familiar.

Benjamin olha para ele e simplesmente sorri.

De fato, tudo aquilo estava deixando Fred muito incomodado.

De onde se conhecem?

Qual segredo Benjamin traz consigo?

Fred segue remoendo essas perguntas em seus pensamentos..

PARTE I
PRIMAVERA

"Deixe que a vida faça contigo o que a primavera faz com as flores."

PABLO NERUDA

A sedução do mal

*"Nesta longa estrada da vida,
Vou correndo e não posso parar.
Na esperança de ser campeão
Alcançando o primeiro lugar."*

ROMEU JANUÁRIO DE MATOS E
JOSÉ ALVES DOS SANTOS

Entre um gole e outro de café, Fred se apresenta.
Diz que está terminando a faculdade de Economia e que faz estágio em uma grande empresa de auditoria e consultoria empresarial.

— Você pretende continuar nessa empresa após o estágio?

— Não sei. Eu gosto de assessorar nas análises de investimento, gosto da atmosfera que envolve esse segmento e de conversar com clientes, mas quero ser dono do meu tempo, ser livre, e não gosto de ninguém me dizendo o que devo fazer.

— Se você não gosta de ninguém falando o que deve fazer é porque, provavelmente, já deve saber como e o que fazer. Portanto, o que você está fazendo nesse estágio? Por favor, não me responda que é por mera exigência formal de seu curso e que você precisa dele para se formar. Existem vários outros lugares para estagiar.

Não é possível, pensa o jovem, *esse velho bruxo tirou a resposta da minha mente!*

Fred, com rara resignação, talvez ainda em decorrência da ressaca, declara, então, que há momentos em que gosta do estágio, mas que em outros nem tanto.

Benjamin ajeita os óculos no rosto, olha nos olhos de Fred, dá um leve sorriso e pede a ele um exemplo de algo que o desagrada no estágio.

Fred, desafiado, relata que nada o irrita mais do que participar de reuniões. Diz que a pior delas é quando o gerente exige que todos os funcionários e estagiários tenham *blood in the eyes and knife in the teeth*![1] É assim mesmo, em inglês, que ele fala em seu discurso motivacional nas cansativas reuniões de segunda-feira.

— Benjamin, essas reuniões são um saco, e de motivacionais não têm nada. São um monólogo, ninguém consegue falar e só o gerente se pronuncia. Ele acha que está dando palestra em algum congresso ou fazendo alguma live. É muito chato!

— Meu querido, nesse ponto você está certo. Reuniões corporativas nada mais são do que passarelas de vaidade, onde o Ego desfila de mãos dadas com a Arrogância. Além disso, no mundo corporativo, existem duas escadas. A maioria das pessoas sobe na do orgulho e depois não encontra a da humildade para descer. Para mim, sangue nos olhos é conjuntivite e faca nos dentes não serve nem para tirar foto fantasiado de pirata!

Fred, animado, faz que sim com a cabeça, indicando que concorda com Benjamin.

— Devemos trocar o sangue nos olhos por lágrimas de alegria ou de tristeza. Elas é que vão saciar nossa sede de ser gente — diz o senhor com as mãos cruzadas atrás da cabeça e as costas soltas no espaldar da cadeira. — Sabe, Fred, sempre que ouço essa expressão fico imaginando se Jesus, no Sermão da Montanha, falaria assim a seus discípulos: "Bem-aventurados os que têm sangue nos olhos e faca nos dentes, porque deles é o reino dos céus".

— Benjamin, essa foi ótima, fantástica!

— Meu jovem, às vezes precisamos extremar situações com determinados exemplos para que as pessoas compreendam, em profundidade, o que estão falando.

---

[1] Sangue nos olhos e uma faca entre os dentes.

— Mas e a competição? O desafio de vencer? — pergunta Fred em tom decidido.

— Não existe competição entre pessoas que estão do mesmo lado. Isso é conversa mole de quem não sabe o que está falando. Caso contrário, elas estariam lutando entre si, de maneira que ninguém sairia vencedor. Temos a tendência de julgar como o outro está desempenhando suas atividades e acreditamos que podemos fazer melhor. Ao agirmos assim, nos esquecemos de nossas próprias obrigações. Devemos acompanhar o trabalho dos nossos colaboradores tal qual um professor, firme e resoluto. Fred, você sabe o que é um antolho?

Ele pensa por um instante e responde que não tem a menor ideia.

Benjamin explica que é um acessório que se coloca na cabeça do cavalo para limitar seu campo de visão e forçá-lo a olhar apenas para a frente, e não para os lados.

— Assim, meu jovem, o animal não se distrai com os acontecimentos à sua volta e gasta a energia consigo mesmo. Forçosamente ele aumentará o próprio foco.

— Você quer dizer que as pessoas deveriam usar um equipamento desse?

— Rapaz, até que seria interessante! O resultado viria a galope.

Benjamin tempera o trocadilho com uma boa risada e arremata:

— Claro que não. O uso dos antolhos seria psicológico, um modo de disciplinar a pessoa a agir com foco nas próprias responsabilidades. Não na competição com os outros, mas, sim, com colaboração. Fred, somente no fim da vida vamos olhar para trás e perceber que a competição foi desnecessária e devastadora, e então entender que ela era a **sedução do mal**: um véu que deveríamos ter retirado durante a nossa jornada.

— E alguém consegue retirá-lo no início da caminhada?

— Poucos conseguem. Na realidade, é raro. Em geral, isso acontece ao longo da vida, a não ser que se dedique com afinco a esse propósito. Às vezes, a pessoa não se desenvolve por causa de uma visão limitada de mundo.

Fred, um pouco frustrado, olha para baixo ao ouvir a resposta de Benjamin.

— Hoje em dia, meu querido, tudo empurra para o sucesso. E o sucesso, enquanto substantivo, é extremamente perigoso. Ele nos imobiliza e infla o nosso Ego. Por isso, devemos tratar o sucesso como verbo: "sucessar". Porque é um processo, um meio, mas não uma meta, um fim. Sucesso não pode ser ponto de chegada, nunca!

Fred fica pensativo e comenta que tudo isso soa muito estranho, totalmente fora do que todo mundo diz.

— Meu jovem, para esse mundo, ao qual você se refere, o que vale é estar em primeiro lugar, pois o segundo já é considerado o primeiro na lista dos perdedores. Qualquer coisa que as pessoas fazem tem que ter a cor e o ranço do glamour. Parece até que não existe vida fora desse conceito. Toda pessoa que pensa fora desse modelo é rotulada de fracassada.

— Benjamin, mas ninguém gosta de fracassar. A natureza pune quem fracassa.

— E o que você chama de fracassar?

— É quando eu erro e não consigo o que desejei.

— Você só vai errar quando estiver desejando aquilo que não era para ser desejado.

— Caramba, agora você viajou.

Benjamin ri e fala que Fred está certo. Eles realmente estão viajando. Por isso, estão no aeroporto.

— Fred, erre, mas não tenha medo. Na verdade, você não estará errando, e sim aprendendo. Isso terá um custo, é óbvio, mas compensa pagar por ele se o desejo vier do coração.

— E como saberei se é um desejo verdadeiro?

— Acredite em mim, mantenha-se leve e você saberá. Sempre que errarmos na busca do desejo verdadeiro, alcançaremos a sabedoria de reconhecer esse erro e teremos humildade para pedir perdão ao próximo, à vida ou a nós mesmos. Invariavelmente, sairemos com a essência maior e o ego menor.

Devemos tratar o sucesso como verbo: "sucessar". Porque é um processo, um meio, mas não uma meta, um fim. Sucesso não pode ser ponto de chegada, nunca!

Teoria não enche a barriga de ninguém!

> *"O que é que você ganhou com tanta leitura, com tanto livro, com tanta bobagem?"*
>
> ROSINHA
> (*O FEIJÃO E O SONHO*)[2]

— Acho que atualmente há muita teoria e pouca atitude na conversa das pessoas. O mundo precisa de ação, e não de blá-blá-blá — comenta Fred com certo tom de indignação, ainda pensando no gerente da empresa em que estagia.

Benjamin, de maneira tranquila e no ritmo que somente os cabelos brancos sabem imprimir, conta que uma antiga vizinha de sua mãe, sempre que ouvia algo com que não concordava, soltava a seguinte pérola: "Isso não passa de teoria, na prática tudo é diferente. **Teoria não enche a barriga de ninguém!**".

Ele relata ainda que, em certa ocasião, a mãe presenciou uma conversa dessa vizinha com o marido, que acabara de chegar da rua.

Seu Juca, como todos o chamavam, mal acabara de entrar em casa e ela o interpelou na frente das amigas que tinham ido visitá-la.

— Juca, você estava bebendo? — perguntou ela em tom inquisidor, provavelmente para mostrar autoridade na frente das vizinhas.

---

[2] LESSA, Orígenes. *O feijão e o sonho*. 56. ed. São Paulo: Global, 2012.

— Cicuta![3] — respondeu ele calmamente.
— O que é isso? Aposto que é bebida de gente rica!
— É a bebida de Sócrates.
— E quem é Sócrates? Com certeza é outro amigo seu que adora viver bebendo.
— Agora eu quero uma jarra de cicuta! — clamou ele aos céus, num desespero cômico.

Rindo, o jovem comenta:
— Essa foi ótima, Benjamin.
— Fred, tempos depois, quando eu já tinha terminado a faculdade e estava conversando com a vizinha, disse a ela que estava certa. Realmente, teoria não enche a barriga de ninguém. Ainda assim, por vezes, é a teoria que nos possibilita saborear nossas refeições favoritas, além do trivial arroz com feijão do dia a dia, e também nos proporciona uma deliciosa sobremesa. Nessa oportunidade, também aproveitei para confidenciar que a minha predileta era sonho de padaria, preferencialmente acompanhado por uma generosa xícara de café!

Benjamin conclui dizendo que não há nada mais prático do que uma boa teoria.
— E com essa analogia ela finalmente entendeu a importância da teoria, Benjamin?
— Ela não entendeu nada! Continua até hoje, como a maioria das pessoas, comendo, apenas e tão somente, arroz com feijão. Meu jovem, o segredo é ter um olho no sonho e o outro no arroz e feijão de cada dia.

---

3   Veneno feito a partir da planta homônima.

Como devo julgar?

> *"Fecha os teus olhos e
> verás o meu sorriso."*
>
> SONETO DA SAUDADE,
> GUIMARÃES ROSA

Um homem de tamanho avantajado comendo vorazmente um sanduíche e falando alto ao celular desperta a atenção de Fred. Ele fica certo tempo observando aquele indivíduo que está numa mesa próxima. Nesse momento, vira-se para Benjamin e, prestes a dizer algo, é interrompido com a seguinte sentença:

— Meu jovem, não julgue com os olhos, fatalmente você vai se arrepender.

Fred, surpreso por ele estar, mais uma vez, lendo seus pensamentos, pergunta como, então, deveria julgar.

— Não entendi sua pergunta — responde Benjamin serenamente.

— Como... devo... julgar?

— Continuo sem entender.

Então, lenta e compassadamente, quase soletrando cada palavra, Fred repete a pergunta:

— Como devo julgar?

— Permaneço sem compreender.

O silêncio predomina entre eles.

— Agora eu compreendi — diz Fred suavemente, abrindo um leve sorriso.

Depois, apoia a testa nas mãos entrelaçadas, com os cotovelos sobre a mesa, e permanece em silêncio.

Meu jovem, não julgue com os olhos, fatalmente você vai se arrepender.

Solitário mundo dos conectados, ou o Império do 24/7!

"Tudo é mais fácil na vida virtual, mas perdemos a arte das relações sociais e da amizade."

ZYGMUNT BAUMAN

Observando as pessoas nas outras mesas, bem como as que estão andando pelo aeroporto – todas ao celular –, Benjamin resolve fazer o seguinte comentário:

— Fred, penso que atualmente nosso prazer e nossa insatisfação baseiam-se em tentar estabelecer conexões via redes sociais, tanto para o bem quanto para o mal. A quantidade é imperativa e superlativa. Em outra época, eram menos conexões, porém as relações eram mais profundas e duradouras. Daí o saudosismo de um passado não vivido pela maioria de nós. Ficamos cada vez mais angustiados para encontrar alguém neste universo de conexões ativas vinte e quatro horas por dia, sete dias por semana. A velocidade é determinante. Nos conectamos e desconectamos com tanta facilidade que, ao final, nos sentimos abandonados neste **solitário mundo dos conectados**.

— Benjamin, é impossível viver sem internet e celular hoje em dia. Com você é diferente, porque é de outra época.

— Está me chamando de velho? — diz ele, dando uma boa risada. — Fred, sabia que o cérebro tem um limite para o relacionamento social? Se expandirmos esse número para centenas ou milhares, vamos gerar um processo de insaciabilidade de relacionamento.

— Que coisa estranha. Nunca ouvi falar sobre isso.

— É porque você é de outra época, é nativo neste mundo — diz Benjamin, logo emendando uma risada.

— Tá certo. Você está querendo dizer que eu não gosto de ler? Entendi sua piadinha.

— Vamos fazer um comparativo com o seguinte exemplo: dois casais com a mesma classificação socioeconômica, a mesma faixa etária e morando nas mesmas condições. O primeiro casal tem dois filhos, o segundo, dez. Qual dos casais poderá dar uma educação com melhor qualidade aos filhos enquanto participa do processo de maneira ativa?

— O primeiro casal, lógico.

— Isso mesmo. Que é o seu caso, somente você e sua irmã.

— Mas como você sabe que eu tenho uma irmã?

— Eu conheço você, mas você ainda não me conhece. No entanto, não vamos falar desse assunto agora.

— Certo — concorda Fred, apesar de ficar intrigado —, mas esse seu exemplo ficou fácil. Você, que adivinha tudo sobre mim, deve ter se esquecido de que, em alguns meses, serei economista.

— Tudo bem. Então imagine: se você tivesse uma empresa com uns cento e cinquenta funcionários e todos trabalhassem no mesmo local, qual seria a chance de você conhecer todos?

— Eu saberia de todos, pelo menos; uns mais, outros menos.

— Agora, imagine essa empresa com mil empregados...

— Impossível, não teria como. Somente com os que eu me relacionasse no dia a dia.

— Fred, essa é a questão-chave. Simplesmente saber que elas existem e que estabelecemos contato não é suficiente para matar a fome de nos relacionarmos. O que vai nos saciar são as verdadeiras conexões, e essas demandam tempo e empatia. Como era a base do relacionamento com os seus amigos de infância?

— Tempo e empatia. Vou usar as suas palavras.

— Como é a base do relacionamento com os seus amigos atuais?

— Também com tempo e empatia.

— É dessa maneira, não existe outra. Nesse ponto ainda somos homens das cavernas surfando na internet, estamos sedentos por conexões entre nossos corações.

— Mas existe muita coisa boa nas redes sociais, em diversos aspectos.

— Correto. Concordo com você que existe muita coisa boa nas redes. O mundo virou uma gigantesca biblioteca, um enorme shopping, um colossal aeroporto, tudo está disponível para todos, e o desafio é saber como usar isso. Entretanto, o mais difícil com relação às pessoas é saber quando sair do virtual e ir para o real.

— Benjamin, falando assim dá a impressão de que tudo está muito impessoal.

— Você está certo, Fred. Parece que estamos vivendo numa bolha de mediocridade segura. Não há mais diferenciação entre o ócio e o negócio, entre o trabalho e a casa, entre o virtual e o real. Por isso, afirmo que estamos sob o **Império do 24/7**! A chance de encontrar o caminho de casa é voltarmos a fazer perguntas, tal qual uma criança, sendo que o nosso grande desafio será inserir a Alegoria de Platão nas conexões das redes sociais.

— Benjamin, agora, sim, você colocou um megadesafio — conclui o rapaz, dando risada. — Já estudei a Alegoria ou a Caverna de Platão. Pode explicar como faremos isso?

— Simplesmente fazendo o que estamos fazendo agora, conversando e estabelecendo conexões verdadeiras e pessoalmente. Assim, não ficaremos acorrentados às desinformações e presos nessa caverna portátil — responde ele, dando uma piscada.

— Mas não é isso o que acontece com as pessoas atualmente? — Fred insiste nesse ponto de vista.

— Fred, basta observar sua própria rotina. Você passa mais tempo nas redes ou presencialmente com seus pais, irmã e amigos?

— Mais tempo conectado.

— Então, devolvo a sua pergunta: é isso mesmo que acontece com as pessoas atualmente?

Não houve resposta.

É essencial, em algum momento da vida, termos a coragem de renascer.

A verdadeira conexão com a vida

"Linhas invisíveis unem as pequenas coisas da Terra."

GIORDANO BRUNO[4]

Fred reflete sobre sua conversa com Benjamin e pergunta:
— Como podemos tocar a vida das pessoas?
— Meu jovem, sem amor à vida tudo fica medíocre. Além disso, não dá para imaginar a nossa caminhada desrespeitando o próximo.
"O professor Ocra Tulp, um amigo mexicano, descendente dos maias, costuma dizer que aquilo que conquistamos em nosso interior modifica nossa realidade exterior. Mas, para que isso ocorra, é essencial, em algum momento da vida, ter coragem de renascer."
— Cristo fala em nascer novamente — complementa Fred.
— Muito bem. Viu como foi bom frequentar a Escola Dominical quando mais jovem?
— Caramba, Benjamin, você não para de falar coisas a meu respeito! Diga logo de onde me conhece.
— Calma, ainda não chegou o momento certo.
Benjamin complementa dizendo que todos nós trazemos um vazio existencial, e que o segredo está em como preenchê-lo.

---

[4] BRUNO, Giordano. *Acerca do infinito, do universo e dos mundos.* São Paulo: Madras, 2007.

— Fred, lembre-se de que todo problema tem origem em uma conexão. Esse é o motivo pelo qual Deus conecta as pessoas certas, no momento e no local certos: para cumprir seus propósitos. Permita-se ser essa conexão entre as pessoas e faça a diferença. Essa é a maneira como podemos tocar a vida das pessoas, esta é **a verdadeira conexão com a vida**. Meu querido, torne-se digno e faça sua vida valer a pena.

Fred fecha os olhos, respira calma e profundamente e começa a internalizar o que ouve.

Uma lágrima escorre por seu rosto.

Saber viver tem muito compromisso com a Psicologia

*"Just relax, take it easy
You're still young."*

CAT STEVENS[5]

Após o momento de internalização de Fred, Benjamin comenta, animado, que ele o faz lembrar de um velho amigo.

— Quando você me falou que neste ano termina sua graduação, me fez lembrar de um grande amigo que tive na época da faculdade. O apelido dele era Chuva Suave.

— Nossa, mas que apelido estranho! Quem é Chuva Suave?

— Fred, todo nome ou bom apelido é um mantra. Sempre que você ouvir o seu nome, imediatamente focará no aqui e agora.

— É verdade. Sempre que minha mãe ou meu pai me chamam de Frederico, eu para tudo e penso: *Caramba, o que eu fiz desta vez?*

— Procure saber o significado dos nomes e terá boas surpresas. Para nós, o apelido Chuva Suave soava como alguém visionário. Ele ficava todo convencido quando era tratado simplesmente por Chuva. Quando, entre um chope e outro, as conversas partiam para política ou economia, ele se calava.

"Eruditamente, após algum suspense, fechava toda conversa com sua filosofia conclusiva. Olhava para a tulipa de chope e,

---

[5] "Apenas relaxe, vá com calma / você ainda é jovem". STEVENS, Cat. Father and Son. In: Tea for the Tillerman, 1970. Londres: Island, 1970.

saboreando o que parecia ser o último gole de sua vida, soltava a clássica fala: 'Na verdade, penso que grande parte dos políticos que se dizem bem-sucedidos de fato é, mas não como políticos, e sim como um misto de delinquência e boas intenções. Eles apenas se recusam a reconhecer isso. Penso também que **saber viver tem muito compromisso com a Psicologia**.' Depois disso, era um silêncio total! E o bom e velho Chuva regressava à sua tibetana quietude."

— Benjamin, que viagem a desse seu amigo, hein? Gostei!

— Fred, tem outra dele que ficou clássica entre os amigos. Depois de se formar, ele foi trabalhar no departamento de finanças de uma empresa multinacional. Ele era muito bom com números, parecia até que tinha uma calculadora financeira na cabeça. Essa destreza rapidamente o tornou famoso entre os colegas de trabalho e, por conta disso, o diretor de finanças o requisitou para fazer parte de sua equipe mais próxima.

"Certo dia, esse diretor o chamou para uma conversa em sua sala. Enquanto o diretor falava, Chuva olhava, não para ele, que estava à sua frente, mas acima e ao lado da sua cabeça. O diretor ficou intrigado com aquilo e perguntou em que ele estava pensando. Chuva, que tinha uma autoconfiança elevada, disse, com a maior desfaçatez, que estava pensando no quanto o diretor gostava do poder.

"O diretor ficou boquiaberto e quis saber de onde ele tinha tirado essa ideia. Chuva Suave falou que, olhando para os livros que estavam na estante, logo atrás dele, podia contar uns quarenta livros, e destes, dezoito tinham a palavra 'poder' no título. Assim, ele imaginava que os demais também deveriam abordar o assunto. Um silêncio eterno de alguns segundos imperou sobre eles.

O diretor foi pego de surpresa e, com o rosto franzido, confessou que nunca havia pensado sobre isso; em seguida emendou que precisava sair para uma reunião fora da empresa.

"Alguns dias depois, Chuva encontrou a secretária do mesmo diretor, e ela lhe perguntou o que haviam conversado naquela reunião. Ele disse que nada de extraordinário e quis saber o motivo da pergunta. Ela respondeu que, imediatamente após ele sair da sala, o diretor a chamou e ordenou que retirassem todos os livros da estante dele, que fossem encaixotados e levados para a sua residência. Não queria mais livros na estante, apenas peças de artesanato."

Rindo, Fred completa de maneira filosófica:

— Diga-me o que lês e eu te direi quem és.

Ambos caem no riso.

— Benjamin, você ainda tem contato com Chuva Suave?

— Nunca mais nos vimos, nem sei por onde ele anda. Nos encontramos, pela última vez, na comemoração dos dez anos de formatura. Isso já faz muito tempo; aliás, uma vida! Na época, ele me disse que iria visitar uns parentes no Oriente Médio e depois, como voluntário, faria parte das Forças de Paz da ONU.

— Mas nunca mais se falaram? Nenhum telefonema? Hoje seria fácil localizá-lo.

— Fred, aqueles eram outros tempos, bastava uma longa viagem para perdermos o contato com as pessoas. Chuva tornou-se um cidadão do mundo. Nem sei se já morreu, mas, para mim, sempre estará vivo.

— Gostei desse seu amigo — Fred comenta.

— Ele foi um grande amigo da época da faculdade, agora ficou na lembrança.

Penso também que saber viver tem muito compromisso com a Psicologia.

Como você vê o mundo?

> *"Vista-me devagar,*
> *pois eu tenho pressa."*
>
> NAPOLEÃO BONAPARTE

Fred ouve um anúncio para embarque e, impulsivamente, diz que precisa ir, que é a última chamada para o voo. Ele pede a conta e coloca a mochila nas costas.

— Deixe sua mochila aí na cadeira e vá verificar no painel como está o status do nosso voo, depois volte e me conte — diz Benjamin de forma decidida, olhando nos olhos de Fred.

Passados alguns minutos, o garoto volta e diz que ouvira errado.

— Ainda faltam duas horas para o voo.

Com o semblante sereno, Benjamin lhe diz que o precipício é o destino dos que tomam decisões precipitadas. Precipício espiritual, emocional, financeiro, nos relacionamentos, enfim, de todo tipo.

— Observe que as palavras "precipício" e "precipitação" têm a mesma origem, que é lançar-se do alto.

— E sem paraquedas! — finaliza Fred com uma pitada de humor ácido.

— Fred, como você vê o mundo? Em um carro a sessenta ou a cento e sessenta quilômetros por hora?

— Não entendi. Como assim?

— A questão é se você vê o mundo a sessenta ou a cento e sessenta quilômetros por hora.

— Benjamin, fala sério. Você repetiu a pergunta e não explicou nada!

Benjamin sorri, se ajeita na cadeira, toma um pouco de café e pede a Fred que se imagine dirigindo um carro conversível, em uma estrada estreita e sinuosa, a cento e sessenta quilômetros por hora.

— Ao dirigir você estará focado, mas muito tenso. Seu corpo estará inundado de substâncias que lhe darão prazer, mas somente no início e por pouco tempo.

"Você não conseguirá observar o que está acontecendo à margem da estrada. A sua visão estará concentrada nos poucos metros à frente do carro, seus pensamentos ficarão presos no que deve ser feito nos próximos milésimos de segundo.

"Você nem sequer poderá selecionar qual música gostaria de ouvir."

Fred nem pisca os olhos, está absorto na narrativa.

— Rapaz, a cento e sessenta quilômetros por hora será improvável observar a paisagem e suas nuances.

"Você estará exposto a todo tipo de risco. As suas funções psicológicas estarão comprometidas e limitadas. A atenção, a percepção e a avaliação da situação também ficarão afetadas.

"A tomada de decisão, com análise das prováveis consequências, estará completamente prejudicada."

Benjamin toma um pouco de água.

— Meu caro, se, após uma curva, em alta velocidade, você se deparasse com um caminhão no sentido contrário ou com algum animal que, subitamente, surgiu à sua frente, o que faria?

Fred não responde, continua estático e, por fim, compreende que a situação não teria um final feliz.

— O resultado seria muito triste — conclui Fred.

Benjamin serve um pouco de água a Fred e pede a ele que imagine outra situação.

— Agora, imagine que você está na mesma estrada sinuosa, cheia de curvas e dirigindo o mesmo carro. Só que desta vez a velocidade é outra, você está a sessenta quilômetros por hora.

"Você escolhe a música que gostaria de ouvir.

"Observa toda a paisagem e a beleza do cenário à sua volta.

"Sua mente está focada, porém tranquila. Sua atenção está no aqui e no agora.

"Você está com um visual de milionário que sabe curtir a vida."

Neste momento, Fred dá um sorriso e diz estar gostando do que ouve.

— Considere que você está dirigindo com mais segurança. Sua atenção e percepção do que está acontecendo estarão a seu favor. Você terá muito mais chance de resolver qualquer imprevisto que acontecer, pois suas funções cognitivas e psicológicas estão sob seu comando. Enfim, você estará ativamente calmo e calmamente ativo.

"Lembra-se daquele caminhão que aparece após a curva? E do animal que, repentinamente, surge à sua frente? O que você faria agora?"

Fred diz que conseguiria diminuir a velocidade ou até mesmo encostar o carro para o caminhão passar e que faria o mesmo em relação ao animal.

Nesse momento, ele estaria no controle da situação.

— Meu jovem, do mesmo modo acontece em nossa vida. A velocidade com a qual a conduzimos vai nos mostrar como vemos o mundo. Se a conduzirmos de forma acelerada, correremos perigo, nossas decisões serão precipitadas, não aproveitaremos a beleza da paisagem que compõe a nossa história. Ficaremos estressados, ansiosos e doentes. Além de colocarmos em risco nossa vida, também prejudicaremos aqueles que fazem parte do nosso convívio e que estão no mesmo carro.

Benjamin complementa dizendo que existem momentos na vida em que será preciso acelerar.

A velocidade com a qual a conduzimos vai nos mostrar como vemos o mundo. Se a conduzirmos de forma acelerada, correremos perigo, nossas decisões serão precipitadas, não aproveitaremos a beleza da paisagem que compõe a nossa história.

— Já observou como os grandes homens da humanidade conduzem suas vidas? — prossegue Benjamin. — Nenhum deles as conduz em alta velocidade. Não importa o que fazem ou qual atividade desenvolvem, eles sempre dirigem a vida em baixa velocidade. A maioria das pessoas que escolhe conduzir a vida de forma acelerada vive colidindo, após cada curva, com os caminhões que surgem, ou até atropelando quem aparece no caminho. O lamentável é que, depois de cada colisão ou atropelamento, essas pessoas vão se ausentando de si mesmas, até não existirem mais.

Fred bebe a água que resta em seu copo, deixa a mochila na cadeira e se levanta.

Benjamin apenas o observa.

Barulhos mentais

> *"Disse, então, Jesus a Pedro:*
> *Embainha tua espada;*
> *deixarei eu de beber o cálice*
> *que o Pai me deu?"*
>
> JOÃO 18:11

Fred retorna trazendo mais duas garrafas de água e diz que está tudo bem.

O jovem serve a água para Benjamin e para si.

Benjamin acena com a cabeça em sinal de agradecimento.

— Sabe, Fred, logo no início da minha carreira, tive um colega de trabalho que se rejeitava. Tinha um bom caráter, mas sofria com esse problema.

— Como assim? Baixa autoestima?

— Sim, mas, verdade seja dita, nunca conheci alguém que se sabotava tanto quanto ele. Era uma eterna disputa consigo mesmo, e ele sempre saía perdendo. Vivia cheio de desejos, mas nunca percebia que desejos não passam de **barulhos mentais**.

"Guardava muitas carcaças de lutas, na maioria, perdidas. Por isso, relutava em baixar a guarda. No final, o espelho sempre saía vencedor."

— Benjamin, e o que você fez? Não procurou ajudá-lo?

— Tentei, mas é difícil acordar quem finge estar dormindo. Chega um ponto em que devemos respeitar o momento da pessoa.

— Benjamin, provavelmente ele ainda não estava preparado.

— Isso mesmo. É como a terra, primeiro temos que arar para depois semear.

— Meu avô vivia dizendo que ser humano é um bicho complicado — comenta o rapaz.

— Aquele velho sabia do que estava falando.

— Você o conheceu?

— Falaremos disso depois. Fred, somos palco de uma ardilosa batalha em nossa mente. Sempre que aceitamos ir à luta, o resultado será de ferimentos e derrotas. E esse desfecho vai se repetir enquanto não colocarmos a espada na bainha, fecharmos os olhos, respirarmos e relaxarmos. Como consequência, estaremos livres das obrigações e dos desejos desnecessários.

Iniciou-se uma calmaria entre eles.

Benjamin conclui que, dessa maneira, quando jogarmos Luz nesse campo de batalha, venceremos todas as lutas, sem precisar lutar.

O intransigente extremista que habita em nós

*"Dois homens olharam
através das grades da prisão;
um viu a lama;
o outro, as estrelas."*

SANTO AGOSTINHO

Fred e Benjamin escutam, na mesa ao lado, um casal conversando rispidamente. O homem fala alto, com posições intransigentes, praticamente não deixa a mulher falar. Ela, então, perde a paciência e entra na sintonia dele, e os dois começam a marcar posições na discussão.

— *Às vezes*, penso que sou intransigente sobre determinados assuntos, mas ter verdades absolutas é ser muito cabeça-dura e sem educação — diz Fred, em tom mais baixo e tomando cuidado para não ser ouvido pelos vizinhos de mesa.

— Meu caro, imagine uma alta torre circular e você preso dentro dela, sem saber se lá fora é dia ou noite. Imagine também que não se lembra como e nem há quanto tempo foi parar lá. Pense agora que, com muito esforço, você consegue retirar uma pedra da parede.

"Essa pequena janela que você conquistou é a sua única forma de ver o que está do lado de fora. É a exclusiva fonte de informação sobre onde você se encontra. Ela está ancorando toda a sua imaginação, seu intelecto, suas emoções e suas decisões. É ela que vai orientar sua esperança. Você poderá chamar essa sua primeira janela de religião, doutrina filosófica, ideologia política ou orientação de vida. Mas essa sua janela da verdade absoluta também é o que o impede de se esforçar para retirar outras pedras. Você se acomoda com essa visão.

"Como a parede da torre é circular, por acaso você se esqueceu de que haverá outras perspectivas se retirar outras pedras? Se fizer isso, obterá visões diferentes e complementares sobre o local em que se encontra e, acredite, poderá ver a verdade por outros ângulos. Ao longo de sua existência, busque retirar as pedras da torre e você conquistará uma visão de 360 graus.

"Escrupulosamente, tente ver a vida de todas as perspectivas possíveis. Transforme essa torre em um mirante e, então, descobrirá que nunca esteve preso, mas nos ombros de um gigante. Você poderá, por consequência, contemplar tudo à sua volta: a verdade da vida, a bondade da humanidade e a beleza de sermos o que somos."

— Nossa, gostei dessa metáfora.

— Fred, nós devemos abrir as janelas do coração e da mente, com o propósito de deixar a Luz entrar e dissipar as trevas da ignorância; assim, não alimentaremos o **intransigente extremista que habita em nós**.

"Meu amigo Chuva Suave costumava dizer que todo extremista o fazia lembrar dos gorilas em *O Planeta dos Macacos*,[6] pois, ao chicotearem os humanos, ignoravam que um dia viveram nus a catar comida pelo chão."

Um rio de águas calmas passou entre eles.

---

6 Filme de 1968 dirigido por Franklin J. Schaffner.

Escrupulosamente, tente ver a vida de todas as perspectivas possíveis. Transforme essa torre em um mirante e, então, descobrirá que nunca esteve preso, mas nos ombros de um gigante.

PARTE II
VERÃO

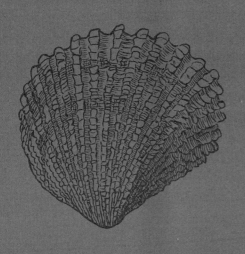

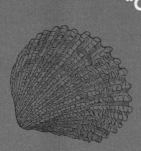

"O verão está instalado
no meu coração."

CLARICE LISPECTOR

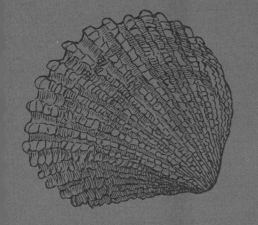

A qual fechadura ela pertence?

*"Sonhos são portas,
a atitude é a chave."*

AUTOR DESCONHECIDO

Com a conversa avançando e ainda faltando um bom tempo para o voo, Benjamin tem a ideia de pedir uma garrafa de vinho, diz que o remédio já havia cumprido a missão de aliviar a dor de cabeça, e convida Fred a acompanhá-lo.

O rapaz, neste exato momento, percebe que não está mais com o famigerado sofrimento. Fala para si mesmo que esse senhor não deve ser deste mundo, provavelmente *é* um alien.

Após o brinde, Benjamin resolve lançar uma pergunta:

— Para que serve uma chave esquecida em alguma gaveta, em um bolso qualquer ou numa bolsa se não soubermos **a qual fechadura ela pertence?**

— Somente para colocar interrogações em nossa mente — responde Fred, e complementa entusiasmado: — São essas chaves que emperram nossa vida!

— Parabéns! Seu raciocínio foi brilhante. Por isso, meu jovem, devemos jogá-las no lixo!

Benjamin, num tom mais confessional, diz que há algo que desejaria ter escutado no início de sua jornada. Com certeza, isso o teria tornado mais paciente e sábio.

Em seguida, pega um pedaço de pão, coloca um pouco de azeite e come.

— Benjamin, você falou tudo isso, me deixou curioso, fica mastigando esse pão e não fala logo o que quis dizer?

Benjamin, ao seu tempo, degusta um pouco de vinho, olha nos olhos do jovem e diz:

— Paciência, Fred. No início da vida nosso currículo será curto e limitado. Com o passar dos anos, o enriqueceremos com estudos, trabalhos, viagens e projetos. Porém, quando os cabelos brancos ou a falta deles nos mostrarem os caminhos até então percorridos, o currículo estará resumido ao nosso nome. Acredite em mim, será suficiente para nos apresentar, pois materializará a nossa reputação.

"Portanto, encontre sentido no que você vier a fazer, porque, no final, é o que valerá a pena. Procure conduzir sua carreira de maneira ética e digna, a fim de que você e as pessoas que o amam possam se orgulhar do seu nome. Quando você encontrar alguém em sua jornada, não importa em qual situação esteja, pegue o que sentir que ressoa em você, ignore o que sentir que não ressoa, seja grato e continue em sua caminhada. Mais uma coisa: nunca se esqueça de que boas palavras são as chaves que abrem as portas do coração."

— Benjamin, eu não vou me esquecer desse recado, pode ter certeza.

— Eu sei disso. Você pautará sua vida por ele.

— Além de ler meus pensamentos, você ainda prevê o meu futuro?

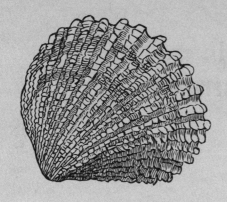

Encontre sentido no que você vier a fazer, porque, no final, é o que valerá a pena.

Papel e lápis no bolso da camisa

"Você tem noção do impacto que isso pode causar na vida das pessoas?"

PROFESSORA CÁSSIA CORSATTO

Benjamin observa Fred por alguns instantes e então começa a relatar que, depois de concluir a faculdade, trabalhou em uma empresa de consultoria.

Ele conta que foi nessa época que conheceu um consultor sênior, o senhor Ramghad, e também revela que esse senhor marcou sua vida para sempre.

— Fred, ele fazia questão de ser tratado exclusivamente pelo sobrenome, era uma maneira de dizer "mantenha distância". No mundo, somente os pais dele e talvez três ou quatro pessoas tinham permissão para chamá-lo íntima e carinhosamente de Ram.

"Ele sempre me escalava para acompanhá-lo nas consultorias dele. E eu achava ótimo, pois a conversa era sempre muito boa e completamente diferente da dos outros consultores. Ele era o que eu, como consultor júnior, poderia chamar de mentor. O cara era um Google em pessoa, dominava qualquer assunto. Às vezes, socraticamente, falava que não sabia algo, somente para que eu pudesse expor minha opinião."

— Caramba, quando eu me formar vou querer ter a mesma sorte de trabalhar com uma pessoa como essa.

— Vai acontecer, fique tranquilo — Benjamin encoraja Fred.

Benjamin diz que o senhor Ramghad tinha o próprio texto de apresentação, redigido a próprio punho. E dizia assim:

"Eu sou uma pessoa de ideias e projetos. Ando com **papel e lápis no bolso da camisa**, à espera de alguma inspiração. Quando eu não os trazia comigo, minhas ideias simplesmente evaporavam. Partiam como chegavam, sem aviso. Ficavam apenas algumas lembranças desconexas. Ideias tortas que ninguém queria ouvir, nem mesmo eu. Duvidava até que haviam nascido de mim. Hoje, as registro todas! Depois, em casa, calmamente vou reescrevendo uma a uma, e eliminando as que não passam de chuva de verão, embora eu respeite-as e saiba de sua importância. Fico com aquelas que resistiram aos meus humores e trovoadas. Pronto! Tenho mais um projeto para Deus sabe quando."

— Esse era o senhor Ramghad, meu mentor, meu amigo.

De qual zona você está falando?

*"Chega de fugir, de se esconder
e de deixar a vida pra depois
como se tivesse o tempo inteiro [...].
Não se reprima, não se reprima."*

GRUPO MENUDO

Benjamin olha para Fred e comenta sobre o vinho, os petiscos, o local em que estão, o fato de estarem viajando e a oportunidade mágica de se conhecerem.

— Meu jovem, estou me sentindo muito confortável com essa situação, nem estou percebendo o tempo passar.

— Eu também, parece que o conheço há muito tempo, mesmo não sabendo quem você é.

Fred recebe um acolhedor sorriso de volta.

— Benjamin, fiquei em dúvida sobre algo que você falou.

— Sobre o quê?

— Outro dia, um professor disse que nós, alunos do último ano de faculdade, estamos num momento crucial da vida, por isso não devemos ficar na zona de conforto.

"No entanto, confesso que essa fala dele nunca ficou clara pra mim. Afinal de contas, viver na zona de conforto é prejudicial? Sempre ouço os outros falarem: 'Você tem que sair da zona de conforto!'."

— É verdade, as pessoas adoram falar isso. Na realidade, há uma deturpação do conceito "zona de conforto". Aliás, é da natureza humana buscar realizações com o mínimo de esforço, é a chamada

Lei do Menor Esforço. O importante é não confundir mínimo esforço com negligência ou procrastinação.

— Então, realizar ações com o mínimo esforço está ligado a produtividade e alta performance? É o que chamamos fazer mais com menos?

— É isso mesmo. Você está no caminho certo. No entanto, isso passa principalmente por aspectos atitudinais e comportamentais. Outro aspecto com relação à zona de conforto é o fato de que todo corpo continua em seu estado de repouso, a menos que seja forçado a mudar aquele estado por forças aplicadas sobre ele.

— Essa eu conheço! É a Primeira Lei de Newton.

— Muito bem, é essa mesma.

"Por que iremos nos movimentar se estamos bem onde estamos? Pouparemos energia e, quando a usarmos, será com o mínimo de esforço para nos mantermos em segurança e confortáveis. Fred, qual foi a primeira zona de conforto vivida por você?

— Como assim? Não entendi.

— Qual foi a primeira experiência em que você permaneceu por ser segura e confortável?

Após pensar um pouco, Fred responde que foram as férias na casa dos avôs, quando ele ainda era criança.

— Fred, essa é uma situação de que você conseguiu se lembrar. Mas sabe qual foi a primeira zona de conforto que você e todos nós vivemos?

— Em casa, quando ainda não frequentávamos a escola?

— Essa é bem a sua cara — diz Benjamin, dando risada.

— Francamente, não faço a menor ideia.

— A primeira zona de conforto que vivenciamos foi o nosso período gestacional. Quando estávamos no útero de nossa mãe, vivíamos um período único de acolhimento, segurança e conforto.

— Realmente... Nunca tinha pensado isso. Era tão bom que choramos quando saímos de lá.

— Fred, essa foi ótima! Mas a questão é que um dia tivemos que sair. Não estava mais confortável, algo maior nos chamava, havia chegado a hora.

— Pois é, o espaço estava ficando pequeno, apertado, e queríamos sair para ganhar o mundo.

— Perfeito! Então fomos forçados a alterar aquele estado, ou seja, sair daquela zona de conforto porque forças foram aplicadas sobre ele. Tínhamos uma nova meta: buscar o sentido da vida!

— Então, isso se deu de modo natural, em função do nosso crescimento; nesse caso, crescimento físico, certo?

— Correto! Assim é na vida, buscamos conforto e usufruímos dele ao máximo, e, quando estamos maiores do que a nossa zona de conforto, buscamos outra melhor e maior.

— Então nada de cesariana ou fórceps em nossas zonas de conforto.

— Excelente, meu caro! Essa foi brilhante — completou o elogio com aplausos. — Antes de mais nada, o que chamamos de conforto é simplesmente a materialização da recompensa, que também podemos chamar de "alcançar a meta".

"O ser humano trabalha com esse princípio. Então, podemos concluir que, na verdade, gostamos da chamada 'zona de conforto'. É bom ficar nela pelo máximo de tempo possível."

— Benjamin, pensando bem, sempre há muito esforço de nossa parte para conseguirmos cumprir as nossas metas.

— Você está certo! Agora, de maneira diferente, o que não podemos é permanecer na "zona de acomodação".

"Essa, sim, é prejudicial. Essa, sim, imobiliza. Essa, sim, atrofia física, emocional e espiritualmente. Ela também é movida pelo esforço mínimo, só que nela agimos por inércia e sem um propósito maior.

"Então, você deve se perguntar: em qual zona quero ficar?"

Fred responde que, sem dúvidas, na do conforto, e conta que se lembrou de sua mãe, pois toda vez que ela chega em casa, toma um banho, se joga na cama e diz que quer ficar lá, por um bom tempo, sem ser incomodada.

— Isso mesmo! Quer permanecer ali, deitada e relaxando pelo maior tempo possível. Essa é a recompensa dela por um dia de trabalho, é a sua "zona de conforto".

"Cada pessoa estabelece a própria zona de conforto, podendo ter várias, de dimensões, complexidades e duração diferentes.

"Fred, repare que as pessoas não são acomodadas, na verdade são movidas por medo ou por recompensa. Isso é o que norteia o cérebro humano.

"Por isso, consciente ou inconscientemente, elas falam para si mesmas que, se não tiverem uma recompensa ou algo a temer, é melhor ficar onde estão."

— Agora está ficando claro para mim.

— E tem outra coisa, o cérebro sempre faz uma perguntinha básica: "Qual é o ganho que eu terei para sair daqui?". Lembre-se de que pensamento negativo não gera ações positivas.

— É o caso da pessoa que reclama e não prospera, certo?

— Correto. Mas esse é um dentre vários casos.

"Outro cuidado é com a autossabotagem, pois ela nos imobiliza e nos impede de expandir ou mesmo de buscar outra zona de conforto.

"Atenção, meu jovem! Se você não tem uma meta, estará, inevitavelmente, trabalhando para a meta de alguém. Nesse caso, a recompensa será do outro, e ele estará mais próximo da zona de conforto dele, e você estará cada vez mais imobilizado na inércia da sua zona de acomodação."

— Benjamin, muita coisa está começando a fazer sentido. Se eu estou na zona de acomodação, logo estarei inerte, paralisado pelo medo, sem vontade, sem coragem e sem energia suficiente para romper essa barreira. Me sentirei como um prisioneiro e precisarei de uma força externa para me ajudar a romper essa bolha de acomodação em que me encontro.

Benjamin, orgulhoso do raciocínio de Fred, acena com a cabeça, como que pedindo que continue.

— Por outro lado, se estou na zona de conforto, me sentirei seguro, tranquilo; sem medo e ansiedade.

— Fred, sua conclusão é perfeita!

— Mas ainda não tenho certeza se o que o meu professor falou está relacionado com essas questões.

— A intenção do seu professor foi boa. Esse é o diferencial positivo nas relações entre as pessoas, a boa intenção em ajudar o outro.

"Ele quis alertá-los para essa nova etapa de suas vidas. Para ficarem vigilantes, não acomodados e se prepararem para novos desafios.

"A atenção é com relação às novas metas que vocês devem estabelecer para alcançar uma nova zona de conforto."

— Benjamin, agora as peças estão se encaixando.

— Por essa razão, devemos nos lembrar de quantas noites ficamos sem dormir ou de quantas vezes nos privamos de sair para nos divertir, pois tínhamos de estudar, trabalhar, desenvolver projetos, cuidar dos filhos ou de outros familiares.

"E, agora, justamente neste momento em que colhemos os frutos e saboreamos cada mordida suculenta dessa recompensa, tendo a certeza de que todo esse sacrifício valeu a pena, aparece alguém, do alto de sua maestria, e nos diz: 'Você tem que sair da zona de conforto!'. Meu jovem, quando isso acontecer, respire fundo, coloque um belo sorriso no rosto, olhe bem nos olhos da pessoa e diga: '**De qual zona você está falando?**'."

Fred vibra, como se tivesse feito uma cesta de três pontos.

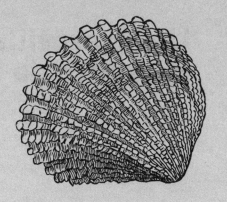

Se você não tem uma meta, estará, inevitavelmente, trabalhando para a meta de alguém. Nesse caso, a recompensa será do outro, e ele estará mais próximo da zona de conforto dele, e você estará cada vez mais imobilizado na inércia da sua zona de acomodação.

Um maravilhoso presente da Natureza

*"A natureza não faz milagres,
faz revelações."*

CARLOS DRUMMOND DE ANDRADE

— Fred, sabia que a todo instante a gente ganha **um maravilhoso presente da Natureza**?

— Como assim? Você se refere ao fato de estarmos vivos?

— Não, embora seja interessante o que você falou. Aliás, se pensarmos direito, vamos ver que ganhamos um presente, mas em seis embalagens diferentes.

— Caramba, Benjamin! Você está me deixando curioso. Está parecendo revelação de amigo-oculto, cheio de voltas para revelar o amigo.

— Então, vamos fazer diferente. Vamos revelar o presente!

"Imagine que o primeiro presente vem em uma embalagem de sessenta segundos; o segundo, numa de sessenta minutos; o terceiro, em outra de vinte e quatro horas; o quarto, de uma semana; o quinto, de um mês; e o último, em uma embalagem de um ano! Consegue adivinhar qual é o presente, Fred?"

— Benjamin, essa ficou fácil, o tempo!

— Meu jovem, o tempo também é uma embalagem. Digamos que seja a embalagem primária, a que está em contato direto com a mercadoria.

— Agora ficou mais difícil. Pensei que fosse o tempo. *Tempus fugit*. — Fred, surpreendentemente, solta essa expressão em latim.

— Desta vez, quem fala "caramba" sou eu! De onde você tirou essa expressão? — pergunta Benjamin, surpreso e admirado.

— Nessa eu fui mais rápido que você. Não conseguiu adivinhar o que eu ia falar, hein? — Fred exibe-se todo.

— Quem disse que eu leio os seus pensamentos? Apenas disse que o conheço, e muito bem! — Benjamin sorri, dessa vez era ele quem se exibia.

— Tá bom, você pensa que me engana — completa o rapaz. — Já falei que você me lembra muito meu avô? Ele gostava de relógios antigos, sempre me mostrava essa expressão em seus relógios: *Tempus fugit*, o tempo voa, e foi o que pensei com relação ao presente, a Natureza nos avisando que o tempo voa e que devemos saber aproveitá-lo.

— Muito bom! Mais um "caramba" para você. Mas, sendo sutil, não é o tempo que devemos aproveitar, e sim a vida!

"Meu jovem, essas seis embalagens que trazem o tempo são ciclos que temos para arar, plantar e colher os frutos de nossas escolhas. Acima de tudo, são momentos únicos de que dispomos para perdoar a nós e aos outros, e para começar ou recomeçar uma nova etapa na vida.

"Às vezes, nós só precisamos de sessenta segundos; em outras situações, de horas, ou semanas; por vezes, mais de um mês. Porém, existem aquelas que demandam alguns anos.

"A Natureza está sempre recomeçando, tal qual uma espiral, nos dando a oportunidade de melhorar o que está bom e de corrigir o que precisa ser reparado.

"Não podemos deixar de perceber e agradecer por essa maravilhosa dádiva da Natureza."

Época de desatar nós e atar laços

"Quem tem um porquê enfrenta qualquer como."

FRIEDRICH NIETZSCHE

— Benjamin, quando eu chegar em casa, vou fazer uma lista de todos os problemas que estão tomando meu tempo, me deixando irritado e travando meu dia — comenta Fred em tom de desabafo.

— Isso mesmo, meu caro! A gente vai deixando, e esses nós, aos poucos, vão nos impedindo de evoluir, de tocar a nossa vida.

— Não é só isso! Tem um diretor que me sacaneou na última reunião antes desta viagem. Me expôs na frente de todo mundo. Minha vontade era jogar uma cadeira nele, mas tive que ficar quieto, do contrário não conseguiria me formar neste ano.

— Fred, você relatou duas situações importantes e perigosas em sua vida. A primeira refere-se a um redemoinho no qual o seu dia a dia se transformou. Isso pode causar prejuízos de toda ordem em sua vida. Pode te levar a perder foco, ter baixa performance, cansaço físico, mental e espiritual. A longo prazo, não será nada agradável. É uma doença dos tempos atuais. Lembre-se de que sua jornada profissional está apenas começando.

"Se você me permite, recomendo que você invista tempo e estudo em práticas de gestão do tempo e de metas. Acredite, o Fred de cinquenta anos vai agradecer ao Fred de hoje. Mas preste atenção:

ninguém faz gestão do tempo, e sim de escolhas e de prioridades, sempre em sintonia com metas.

"A segunda situação, em que você teve vontade de jogar a cadeira no diretor, é outra abordagem. Não podemos ficar arrastando esses cadáveres ao longo da vida, precisamos cremá-los. Isso mesmo: atear fogo neles. Esse diretor é um que você deverá queimar."

— Benjamin, que doideira! Queimar o diretor?

— Calma. Não leve tão ao pé da letra. O que eu vou falar vale para qualquer pessoa, até seus familiares, amigos e parentes.

— Ufa! Ainda bem. Pensei que agora era para eu virar um piromaníaco ou o Freddy Krueger.[7]

Benjamin dá um sorriso, balança a cabeça e diz que Fred tem a imaginação muito fértil.

— Fred, se alguém fizer algo que o deixe profundamente irritado, frustrado, triste, com raiva ou que desperte qualquer outra emoção negativa, provavelmente você vai agir como a maioria das pessoas: jogará uma cadeira nele ou ficará quieto, remoendo esse sentimento.

— Então o que eu faço em situações como essa? A vontade era mesmo de jogar a cadeira, mas não podia. Só que também não quero ficar remoendo esse problema, já que fiquei quieto e tive que engolir esse sapo.

— Você está certo quando diz que não pode jogar a cadeira. Não podemos agir com violência toda vez que sentirmos raiva. Ter sabedoria e inteligência é saber administrar as emoções em situações como essa. Por outro lado, se nos calarmos ou nos omitirmos, vamos nos arrepender profundamente. Assim, arrastaremos essa situação emocional mal resolvida por muito tempo, talvez ao longo de toda a nossa vida. Esse é o cadáver que deverá ser cremado.

— Eu simplesmente não quero um bando de zumbis atrás de mim! — Fred externaliza com convicção.

— Meu jovem, a primeira opção está descartada, então vamos cremar o cadáver. Primeiro, separe vinte litros de gasolina e muita madeira.

---

[7] Freddy Krueger é um personagem fictício da série de filmes de terror *A hora do pesadelo*, um serial killer que usa uma mão enluvada para matar suas vítimas em seus sonhos, além de ser piromaníaco.

— O quê? Como assim?

Benjamin riu, e disse que estava brincando.

— Fred, não vamos fazer essa cremação aqui no aeroporto, com certeza seríamos presos. Vou comentar detalhadamente como fazer esse processo, você anota e, quando chegar em casa, em um momento em que estiver tranquilo, o coloca em prática.

— Está bem. Posso gravar o que você vai falar? Assim não perderei nada.

— Ok. Pode, sim. Então, vamos começar?

— Espere um pouco... um, dois, três e... gravando!

— A cremação será dá seguinte maneira: primeiro, fique em seu quarto e peça para não ser interrompido por nada. Sente-se confortavelmente em uma cadeira, pegue muitas folhas de papel e separe duas canetas (para usar caso alguma delas falhe). Repito: não se pode interromper o processo de cremação. Para evitar que fique com sede, traga um copo de água. Vá ao banheiro antes e deixe o celular no silencioso, mas você pode ouvir apenas esta gravação.

— Caramba, Benjamin. Isso parece um ritual.

— E *é*! E, por se tratar de um ritual, reserve cerca de duas horas para isso. Afinal, como você disse, não vai querer zumbis o perseguindo.

"Escreva, com letras grandes, o nome do diretor no topo da folha de papel. Sente-se ereto, feche os olhos, respire lenta e pausadamente. Agora, lembre-se de tudo o que já viveu e compartilhou com esse diretor. Todas as situações de desconforto, de raiva e de tristeza que resultaram de seu relacionamento com ele. Reviva a cena da reunião em que se sentiu aborrecido e irritado.

"Depois disso, abra os olhos e comece a escrever tudo o que lhe vier à mente. Sem cortes, filtros ou censuras. Escreva o que vier, vomite em seu texto toda a raiva que sente dele. Coloque tudo para fora, ofenda, pragueje, amaldiçoe, injurie e xingue, se for necessário! Não se omita e nem se reprima.

"Não se preocupe se está escrevendo bonito ou correto. *Só* escreva! Também não se preocupe com a quantidade de folhas. Escreva até não ter mais nada para pôr no papel. Escreva em profusão, escreva em explosão.

"Quando terminar, você saberá que não restou mais nada para ser dito. Então, descanse e tome um pouco de água. Levante-se e estique as pernas, vá ao banheiro se precisar. Não fale com ninguém e nem olhe o celular.

"Volte a se sentar e comece a ler a carta em voz alta para esse gerente que lhe provocou tanta raiva. Imagine-o à sua frente. Ele precisa ouvir tudo isso e você precisa falar para ele. Fred, você acredita que, seguindo esse exemplo, escreveria quantas páginas?"

— Olha, estou tremendo *só de pensar*. Imaginei tudo isso de forma intensa. Estimo umas dez páginas, com toda a certeza.

— Ótimo! Agora, vamos iniciar a cremação.

— Estou curioso para ver como será isso.

— Pegue todas as folhas que você escreveu. Como eu sei que você mora em casa, vá para um lugar seguro no quintal e queime todas as folhas escritas. Não me pergunte como eu sei disso. Já falei que te conheço.

— Lá vem você de novo! Então esse é o gerente que vamos cremar?

— Isso mesmo. Queime todas as folhas, até não restar nada. Feito isso, volte para o seu quarto.

— Benjamin, gostei muito dessa cremação. Só de imaginar já estou mais leve. Quando eu fizer o ritual, de fato, será ainda melhor.

— Depois de voltar para o quarto, sente-se, pegue caneta e mais vinte folhas. Escreva o nome do seu gerente em letras grandes no topo de uma das folhas.

— É para eu detonar ainda mais o sujeito?

Benjamin toma um pouco de água, dá uma risadinha de canto de boca e fala:

— Agora vamos levá-lo para o Céu! Você vai escrever uma carta de vinte páginas falando somente boas coisas para ele. Tudo de bom que ele, conscientemente ou não, lhe proporcionou. Você vai elogiá-lo e dizer que o compreende, pois ele também deve ter tido alguém que o maltratou e o expôs perante os outros. Graças à atitude dele, hoje você está mais sábio.

— Benjamin, eu não vou conseguir.

— Vai sim. É só começar.

Fred fecha os olhos e começa a vivenciar a situação, então diz:

— Acho que entendi todo o processo. Vou usá-lo para todas as situações, principalmente com minha família.

— Tenho certeza de que vai usar esta técnica. Saiba que, a cada vez que cremar alguém, você sairá melhor e mais leve. Uma vez que você perdoa alguém, também perdoa a si mesmo.

— Onde você aprendeu isso?

— Com o senhor Ramghad. Ele, por sua vez, aprendeu com o guru Emiajh Onilo Treb, em um retiro. Na época, o senhor Ramghad me contava muitas histórias desse guru que conheceu. O guru sempre dizia para não deixarmos as coisas piorarem para, finalmente, tomarmos as decisões que colocam a vida nos eixos; para não esperarmos por uma demissão para empreender e fazer o que sempre sonhamos; para não ficarmos esperando levar um pé na bunda para resolver ser quem realmente somos; para não esperarmos ser diagnosticados com uma doença terminal para falar e fazer o que sempre desejamos.

"Ele dizia: 'Simplesmente não esperem!', e finalizava com uma pergunta avassaladora: 'Você tem coragem suficiente para colocar em prática o que acabou de ver dentro de si?'."

— Benjamin, essa pergunta é como uma facada!

— Sim, ou liberta ou fere mortalmente. Meu jovem, esperar algo do outro é o mesmo que julgar o outro. Os ritmos e as expectativas são únicos para cada pessoa. O que vier do outro será sempre um presente, compete a cada um de nós aceitá-lo ou recusá-lo. Não coloque a responsabilidade da sua vida nas mãos de outra pessoa.

— Concordo com você, apesar de não ser nada fácil.

— Entendo que seja difícil tomar as rédeas de nossas decisões, mas lembre-se de que são as dúvidas que movem o mundo, e não as certezas.

— Benjamin, que frase maravilhosa! Gostaria que meus pais e minha irmã estivessem aqui para ouvir tudo isso.

Benjamin sorri e diz que estamos na **época de desatar nós e atar laços**.

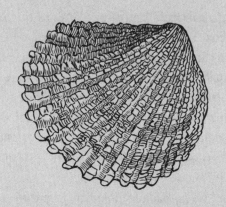

Estamos na época de desatar nós e atar laços.

Vida longa e próspera!

> *"Quem possui a faculdade de ver a beleza não envelhece."*
>
> FRANZ KAFKA

Benjamin, enquanto saboreia o vinho, comenta que o senhor Ramghad também costumava dizer que juventude é ter inúmeras possibilidades e estar aberto a elas! É não guardar na velha caixa de lembranças a capacidade de indignar-se. É não se recusar ao diferente. É não se esconder do novo. É viver como se tudo fosse incontável e interminável. É viver a expressão "deixai vir a mim as crianças, porque delas é o Reino dos Céus". É ser criança a vida toda! Com o tempo, o que melhora é a consciência de que somos responsáveis por aquilo que escolhemos.

— Não tem nada a ver com idade biológica, juventude é respirar o ar fresco da manhã, sempre!

— Concordo, mas seu amigo e mentor, o senhor Ramghad, se esqueceu de dizer que nem todo mundo que envelhece tem essa postura. Tenho um tio-avô que é o mau humor em pessoa.

— Fred, você está completamente certo! Há pessoas que envelhecem e que ficam velhas, conhecem apenas a flor e nem chegam a saborear o fruto. Outras, por outro lado, já são velhas antes de envelhecer. Porém, existem aquelas que amadurecem e ainda vibram a primavera na alma.

"Meu jovem, a nossa mente é muito sagaz, ela vive em um mundo próprio, às vezes dissociado do corpo. É mais esperta do que o corpo, ela nos engana, ou pelo menos tenta nos enganar. Via de regra, o corpo envelhece mais rápido que a mente."

— Como assim?

— Basta observar quando nos encontramos com alguém da infância ou juventude. Logo pensamos: *Nossa, como fulano está velho!*; e nunca nos comparamos a ele, acreditamos que bebemos da fonte da juventude. Acredite: essa pessoa pensou o mesmo a nosso respeito.

— Benjamin, é verdade! Sempre que estou com minha mãe e ela encontra alguém que não via há muito tempo, ela faz esse comentário.

— Tem outro ponto, Fred. Certas atividades têm prazo de validade! Isso não significa que vamos jogar a toalha, é uma questão de segurança e de sobrevivência, de preservação da saúde. Fazer rapel, *mountain bike* ou *downhill* com mais de cinquenta anos de idade é fazer a alegria dos fisioterapeutas!

"Andar de bike, escolher o terreno e a velocidade adequados, optar por caminhadas, e não por corridas, fazer natação, dança, artes marciais, com prudência, é perfeito. Ioga é essencial, uma vez que trabalha resistência muscular, respiração, capacidade cardiovascular, condicionamento físico e o equilíbrio geral."

— Podemos incluir videogame?

— Lógico! Mas como complemento das demais atividades, não vale ser atleta de sofá. Em suma, a ideia é manter-se jovem, sempre! Mas lembre-se de ajustar a velocidade da máquina e a rotação do motor de acordo com o seu atual ciclo de vida! Como diria o vulcano[8] mais famoso de todos os tempos: "**Vida longa e próspera!**".

Fred sorri e também faz a saudação vulcana.

---

8   Referência à saudação feita pelo personagem Spock na série *Jornada nas Estrelas*, 1966.

Mostre-me o caminho!

"Dor que não encontra vazão em lágrimas faz chorar outros órgãos."

HENRY MAUDSLEY

Fred, completando as taças com um pouco mais de vinho, pergunta a Benjamin do que ele tem mais medo.

Ele olha profundamente nos olhos do rapaz, alisa a bem-cuidada barba branca, respira profundamente e responde:

— Medo de ficar cego!

— Cego? Caramba, não deve ser nada fácil ficar cego — exclama o jovem, surpreso com a resposta.

— Fred, não me refiro ao medo compulsivo da perda total da visão, a chamada ablepsifobia, embora essa seja muito triste. Falo da pior cegueira, a que nos impede de nos enxergar no outro, é exatamente essa falta de visão que nos torna arrogantes.

"A ignorância existe em nós como uma criança que ainda está descobrindo o mundo. Ainda assim, se permitirmos, ela se transformará num adulto arrogante e desrespeitoso."

— E por que deixamos chegar a esse ponto?

— Por causa de um ingrediente tóxico e altamente viciante: o orgulho. Ninguém nasce com esse sentimento aflorado. Ele é estimulado por pessoas com as quais convivemos ao longo da vida.

— Como assim? Quer dizer que tudo é circunstancial e relacional? Tudo vai depender das pessoas e do meio em que vivemos?

— Em parte, você está certo. Imagine que você foi convidado para visitar a turma do maternal de uma escola infantil. Lá, você poderá brincar, cantar e lanchar com as crianças. Ao final dessa tarde prazerosa, revelam a você que, por um processo mágico da vida, essas crianças eram, de fato, algumas personalidades históricas da humanidade, na idade de dois a três anos, e todas falavam o mesmo idioma, sem sotaque.

"Dentre as várias crianças, imagine que lá estavam: Anne Frank, Beethoven, Madre Teresa de Calcutá, Bob Marley, Rosa Parks, Adolf Hitler, Francisco de Assis, Leonardo da Vinci, John Lennon, Maria Madalena, Judas Iscariotes, Miyamoto Musashi, Cleópatra, Steve Jobs, Albert Einstein, Nero, Sidarta Gautama, Tomás de Torquemada, Santo Agostinho, Margaret Thatcher, Nikola Tesla, Moisés, Cora Coralina e Bill Gates."

— Caramba, que fantástico!

— Agora me diga, você saberia identificar quem era quem dentre todas essas crianças? Arriscaria dizer qual delas era Judas, Einstein, Madalena, Gates, Nero ou Torquemada?

Fred fica pensativo e em silêncio.

Por fim, diz que não saberia dizer qual criança poderia ser associada a cada personalidade histórica.

Diz também que, provavelmente, teria se afeiçoado a todas elas.

— Meu jovem, é isso mesmo. Por isso, Jesus disse: "Deixai vir a mim as crianças e não as impeçam; pois o Reino dos Céus pertence aos que são semelhantes a elas".[9] Ninguém nasce arrogante ou traz em si o orgulho tóxico. A questão é que, ao longo da vida, nos permitimos ser preenchidos por ele.

— Benjamin, como podemos nos blindar desses dois comportamentos tóxicos: a arrogância e o orgulho?

---

[9] Mateus 19:14.

— Consideremos que ninguém sabe de todas as coisas, isso é perfeitamente natural; então, somos ignorantes naquilo que desconhecemos. É simples assim: não há nada de errado nisso.

"A questão não é ignorar determinado assunto, mas não ter a humildade para aceitar que ainda não o conhecemos. A arrogância e o orgulho cegam os olhos, tapam os ouvidos e dilatam a boca. É simplesmente o medo de não ser aceito pelo outro."

— E o que podemos fazer para não chegar a esse ponto?

— Meu jovem, todos pedimos: **mostre-me o caminho!** Porém, poucos são aqueles que se permitem conhecer o caminho mostrado. Se não fizermos alguma coisa, o mundo estará sob o domínio da arrogância dos ignorantes. Em contrapartida, somente nos restará a perseverança e a alegria dos humildes. Observe que nascemos humildes, nos tornamos arrogantes e nem todos regressam à humildade, nossa terra natal.

— E qual é o caminho?

— É voltarmos a ter um coração de criança, Fred. Durante muito tempo procurei a criança que havia em mim. Foi uma busca árdua, e sei que corri perigos. Nessa procura, foi necessário expor o meu Eu, ele teve que se despir em minha frente e mostrar quem ele realmente era. Foi nesse momento que descobri que minha verdadeira identidade é Amor!

Benjamin então confidencia serenamente a Fred que hoje está voltando para casa.

Fred, humildemente, diz que nem sabe o que dizer.

Benjamin sorri e acena com a cabeça, como que o abraçando em espírito.

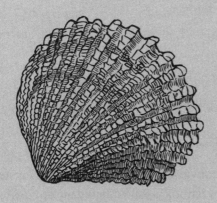

A ignorância existe em nós como uma criança que ainda está descobrindo o mundo. Ainda assim, se permitirmos, ela se transformará num adulto arrogante e desrespeitoso.

Se você quiser ir à Lua

*"A verdadeira função do homem
é viver, não existir.
Eu não gastarei os meus dias a tentar
prolongá-los. Usarei o meu tempo."*

JACK LONDON

— Benjamin, sobre o que conversamos, devo admitir que existem algumas pessoas com quem tenho enorme dificuldade de conviver. Tenho a sensação de que estão sempre me puxando, me segurando.

— Isso é natural. Por isso é importante saber escolher com quem vamos compartilhar nossa vida e quem permitiremos que frequente o nosso coração.

— Gostei dessa; afinal, o coração é a nossa sala de estar.

— Certo! E a alma, a nossa cozinha. Nela, certas pessoas entram, abrem a geladeira e conversam enquanto cozinhamos. Pessoas do nosso círculo de muita intimidade.

— Gostei mais ainda desse exemplo da cozinha. Meu pai sempre comenta que somos a média das pessoas com quem mais convivemos, tanto para o bem quanto para o mal.

— Ele está totalmente certo. Prova disso é o seu jeito de falar, de se vestir, o sotaque, as gírias, os gostos e as preferências, sejam musicais ou por lugares.

"Fred, embora sua identidade seja única, ela vai ficando sobreposta em camadas a partir das características das pessoas com quem você convive. Além disso, essa história de que os opostos se atraem é um grande engano. Nós merecemos as pessoas com quem convivemos, e elas, por sua vez, nos merecem."

— Mas, Benjamin, e quando um casal vive brigando numa relação conflituosa? Ninguém merece ou gosta dessa situação.

— Com certeza um deles se alimenta de fazer o papel de vítima sofredora e o outro, de opressor e manipulador, por isso é uma relação viciantemente tóxica.

— Isso é meio pesado e tenso.

— Mas é isso mesmo! Toda relação tóxica é pesada e tensa. Se você quiser ir à Lua, não olhe para as estrelas-do-mar, contemple as do Céu, a Lua mora entre elas. O seu reflexo no mar é belo, mas traiçoeiro.

"Assim acontece em nossa vida, às vezes convivemos com pessoas que são estrelas e nos levam para o Céu enquanto outras são como as do mar, e nos arrastam para as profundezas."

— Benjamin, é verdade, mas nada é mais difícil do que conhecer pessoas e conviver com elas. Todo dia nos surpreendem e, sejamos justos, elas também ficam surpresas conosco, não somos fáceis.

— Isso mesmo. Tem horas que até a nossa sombra tenta fugir de nós. Não devemos nos esquecer de que cada pessoa tem a própria dimensão e o próprio tempo.

— Verdade seja dita, tem certos dias que nem eu me aguento. O jeito é sumir de todos e de tudo.

— Fred, conheci algumas pessoas que eram como fósforos, acendiam as velas porque tinham luz própria, embora a chama fosse breve. Outras, eram como velas, precisavam de fósforos para se acenderem, porém iluminavam o ambiente e tinham vida longa. Os fósforos são o alvo dos olhares das pessoas enquanto estão acesos. As velas, por sua vez, iluminam o ambiente para as pessoas observarem o que está à sua volta. Todas são importantes, resta-nos descobrir se somos fósforos ou velas.

"O senhor Ramghad enxergava por outro ponto de vista. Ele costumava dizer que certos indivíduos são como o vento, intenso e vibrante, que brinca com os cabelos das pessoas e beija-lhes o rosto. É capaz de mover as velas dos barcos e tem energia pura.

Outros, no entanto, vivem como os lemes das embarcações, mergulhados em águas às vezes frias e escuras, às vezes sujas. São quase sempre invisíveis e passam despercebidos até notarmos que são eles que dão direção ao barco. Assim é o vento, assim são os lemes dos barcos, assim é a vida.

Benjamin comenta ainda sobre o cuidado que temos de ter com o outro.

Diz que isso passa pelo modo como vemos os outros e como os outros nos veem.

— Fred, as pessoas, quando brilham, devem observar com cuidado para não ferir os olhos dos que estão próximos. Em compensação, esse mesmo brilho pode atuar como um farol, e sua luz indicará o caminho para os que estão distantes.

"Não se esqueça, de perto a felicidade é vista pela inveja, de longe, pela admiração."

— Benjamin, eu nunca havia percebido isso; realmente, admiração e inveja são separadas por uma linha muito tênue.

— Um fio de seda, meu querido, um fino fio de seda.

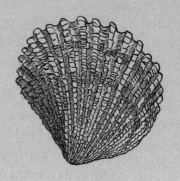

De perto a felicidade é vista pela inveja, de longe, pela admiração.

O presente

"Se choras por não teres visto o pôr do sol, as lágrimas não te deixarão ver as estrelas."

RABINDRANATH TAGORE

Benjamin retira da sacola duas caixas idênticas, uma branca, outra marrom, e as coloca sobre a mesa.

Ele diz a Fred que esse presente vai ajudá-lo a encontrar um caminho seguro em tempos de turbulência, bem como em momentos de tomada de decisão.

Fred sorri e pega as duas caixas.

Nesse momento, Benjamin intervém e diz que há uma condição: ele terá que escolher apenas uma das caixas!

O jovem, então, segura as duas caixas e as examina criteriosamente.

Ele hesita ao escolher.

Finalmente, ele decide qual abrir e, para a sua surpresa, o que está dentro da caixa marrom é... uma pedra!

Fred fica calado e até um pouco decepcionado.

Então, Benjamin rompe o silêncio e conta que, quando ainda estava na faculdade, ganhou de um frade um presente idêntico. Assim como Fred, ele fez a mesma escolha: a caixa marrom.

E, naquela ocasião, também ficou sem entender a utilidade daquela simples pedra.

Acompanhando **o presente** havia um bilhete:

"Devemos aprender com o silêncio das pedras!"

Após ler o bilhete e manter-se pensativo, Fred pergunta o que há na outra caixa.

Benjamin responde que isso ele nunca saberá.

Depois, de maneira rigorosa, pergunta se o fato de não saber o que contém a outra caixa ocupa mais a sua mente do que o prazer experimentado quando ganhou o presente.

— Fred, cuidado! Na prática, gastamos mais energia com o que deixamos de ter do que com o que temos.

PARTE III
OUTONO

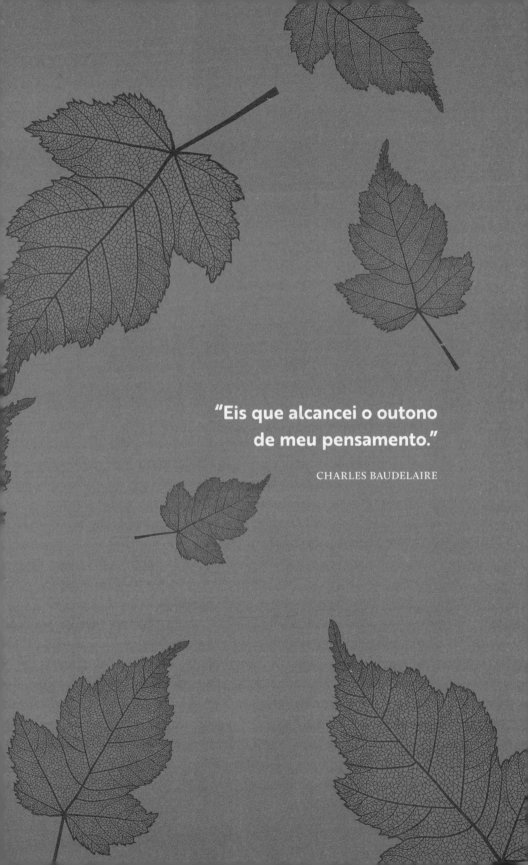

"Eis que alcancei o outono de meu pensamento."

CHARLES BAUDELAIRE

Sacrifício ou sofrimento

*"Temo somente uma coisa:
não ser digno do meu tormento."*

FIÓDOR DOSTOIÉVSKI

Fred continua pensativo, tentando digerir o que acaba de vivenciar. A experiência realmente não está sendo fácil para ele.

Benjamin, com os olhos fixos no rapaz, o observa em silêncio.

— Fred, o que está te incomodando?

— Confesso que fiquei muito desconfortável quando você disse que gastamos mais energia com o que deixamos de ter do que com o que temos.

— Você já experimentou algo assim?

— Reconheço que quase sempre me pego me lamentando por algo perdido ou que me escapou por entre os dedos. Acho que o gol perdido me impacta mais do que quando balanço as redes.

— Para a maioria das pessoas, sem dúvida, o medo ou a dor da perda é sempre maior do que a alegria de ganhar.

— Benjamin, mas essa situação nos traz um sofrer contínuo. Creio que seja uma sentença a qual a humanidade está condenada a viver.

Benjamin fica em silêncio e deixa a frase, que acaba de ouvir, ecoar no ar.

Fred então pergunta se Benjamin não concorda com ele.

— Não concordo. A questão é puramente falta de conhecimento.
— Falta de conhecimento? Como assim? Se estamos vivendo esse círculo vicioso do medo de perder ou a dor da perda?
— Fred, esse medo é prejudicial e nocivo, ele nos imobiliza. Enquanto não entendermos o porquê desse medo, estaremos presos nesse círculo vicioso e impedidos de viver em plenitude.
— E qual é a razão para esse medo da perda ser maior que o prazer de ganhar?
— O sofrimento! Essa é a explicação.
— Mas, Benjamin, o que o sofrimento tem a ver com o medo ou a dor da perda?
— Tudo! Simplesmente tem tudo a ver. Se entendermos a diferença entre sacrifício e sofrimento compreenderemos a causa de nossas mazelas emocionais.
— Caramba! Ainda temos um bom tempo antes do nosso voo. Pode começar a explicar isso aí.

Benjamin sorri e balança a cabeça como se estivesse dizendo: "Esse é o Fred!".

— Meu jovem, imagine que tenha combinado com seus amigos de ir ao show de sua banda preferida. Vocês compraram os ingressos com antecedência, aquela garota de quem você está a fim deve ir e tudo está dentro do planejado.

"Só que, então, um dia antes do show, você recebe um comunicado informando que foi selecionado, dentre vários candidatos, para o emprego que é o sonho da maioria dos seus colegas de faculdade. A batalha foi muito intensa para que isso acontecesse. Você está diante do seguinte dilema: ir com a turma ao show da sua banda favorita ou começar o trabalho dos seus sonhos no outro dia bem cedo.

"Lembre-se de que o show terminará muito tarde e, com certeza, você dormirá pouquíssimas horas. Além disso, deixaram bem claro que você deverá estar, pontualmente, às oito horas da manhã na empresa. Afirmo também que é importante estar com boa aparência, focado e apresentável. E não com o aspecto que você estava, ainda há pouco, quando começamos a conversar.

Para a maioria das pessoas, sem dúvida, o medo ou a dor da perda é sempre maior do que a alegria de ganhar.

"E tem mais, caso você não compareça, o segundo colocado na seleção será chamado, justamente aquele colega da faculdade que não vai com a sua cara. Então, Fred, qual será sua escolha?"

Fred reflete sobre as possibilidades de escolha e responde que, sofrendo muito e com o coração na mão, optaria pelo emprego dos sonhos.

— Muito bem, então você está dizendo que abriria mão do show e toda a experiência?

— Sim. Escolho o emprego dos sonhos.

— Agora, imagine outra situação. Você irá ao mesmo show e com as mesmas condições; além disso, não terá nenhum compromisso no dia seguinte. Vocês combinaram de se encontrar dentro do estádio, onde ocorrerá o show.

"Acontece que você deu uma boa cochilada e acordou em cima da hora. Todos já estão no local combinado, menos você.

"Você rapidamente se apronta e chama um carro de aplicativo. Ao se aproximar do estádio, o trajeto mais parece um cortejo fúnebre. Você tem vontade de sair do carro e ir correndo, e é o que faz.

"Ao chegar ao estádio, dirige-se ao portão de acesso. Com o coração a mil e no meio do tumulto, consegue um lugar na fila de entrada. Quando vai passar pela catraca, você coloca a mão no bolso e, para seu desespero, percebe que nem o celular e nem a carteira estão lá.

"O mundo para e você fica congelado. Nada se passa em sua mente.

"Ao mesmo tempo, você tem a convicção de que os esqueceu no carro. Depois não está mais tão certo disso, acha que pode ter sido no empurra-empurra do portão de acesso.

"Desespero total.

"Angustiado, você não sabe o que fazer. Implora para entrar, argumenta que tem amigos lá dentro, que seu celular e sua carteira com documentos foram furtados. Uns o ignoram, outros perguntam se você acha que eles têm cara de otários. Pedem a você que saia da frente, pois está atrapalhando as pessoas que querem entrar.

"Aos poucos, você vai recuando. Começa a ouvir a música que marca a abertura de todos os shows da banda. Logo em seguida, ouve também os gritos ensurdecedores de milhares de pessoas. Você está estático.

"Mesmo atrasadas, algumas pessoas ainda estão entrando. Você imagina como gostaria de ser uma delas, com o celular e a carteira em mãos.

"Fred, o que você faria? Ficaria de fora até o show acabar e tentaria encontrar seus amigos, voltaria para casa a pé, o que levaria por volta de cinco horas, ou chamaria um táxi para casa?"

Ainda impactado, pois viveu intensamente a situação, Fred pede para Benjamin repetir a pergunta.

Após ouvi-la novamente, Fred responde que se sentaria num meio-fio, ficaria ali por um bom tempo e que depois pegaria um táxi de volta para casa.

Com certeza não iria dormir nessa noite.

— Que bom que você ficou sensibilizado com essa narrativa. Fred, qual das duas situações traria sofrimento a você?

— A segunda, lógico. A que eu perdi o show, o celular e a carteira.

— Gostei da sequência que você relatou.

Após relaxarem um pouco e se servirem de água, Benjamin retoma o assunto:

— Meu jovem, sofrimento é dor sem propósito. Ele fere o corpo e a alma, parece não ter cura e cada vez mais vai nos enfraquecendo. Ele nos leva a um estado de infelicidade constante e, no exato momento em que o estamos vivenciando, temos a sensação de que não há solução.

— Foi exatamente isso que percebi no exemplo do celular e da carteira perdidos. E com relação ao sacrifício? Ele também causa dor, também há perda. Na primeira situação, também sofri por ter deixado de ir ao show.

— Fred, o sacrifício, ao contrário, traz em si um propósito. Ele também é difícil, mas é mais leve. Ele também fere, mas cura. Cada vez mais nos fortalece. Parece interminável, mas é passageiro diante da nossa dedicação. E o mais importante: ele é voluntário. Você escolhe fazer esse sacrifício.

— É verdade! No nosso exemplo, eu pude optar entre ir ao show e dizer não ao emprego dos sonhos ou não ir ao show, mas dizer sim ao emprego dos sonhos.

— Isso mesmo! Você sacrificou um ganho menor por um ganho maior, o show pelo emprego dos sonhos. Essa escolha foi sua. Você foi o responsável por ela. Eis a beleza desse processo: você está na direção de suas escolhas.

— Benjamin, é como você disse, foi voluntário. Já no outro exemplo, eu não tive escolha, simplesmente perdi o celular e a carteira. Agora compreendo que a dor do sofrimento é pior do que a dor do sacrifício. A dor do sofrimento acorrenta e a do sacrifício fortalece.

— Muito bom, Fred. Por essa razão, a maioria de nós vive se lamentando por perdas, porque elas simplesmente não são fruto de nossas escolhas conscientes.

— Benjamin, e com relação à dor de perder alguém? É dor de sofrimento, certo?

— Meu caro, o caso mais extremo de luto é a morte de um filho. A dor de um pai ou de uma mãe sepultando um filho é inimaginável.

"Enquanto os pais estiverem com perguntas sem respostas, isso será um sofrimento avassalador.

"Existem situações de sofrimento torturante em que pais sepultam, em seu sofrimento, os filhos que ficaram vivos junto com o que morreu. Vivem um luto eterno."

— Sim, sei bem do que você está falando. Eu tenho um amigo que o irmão morreu e os pais se entregaram num luto eterno. Ele disse que não vê a hora de terminar a faculdade para se mudar para outro lugar. Por que isso acontece?

— Essa é uma situação em que o sofrimento é muito forte. Com o passar do tempo, quando entendermos que existe um propósito maior e que as respostas vão além do nosso mero conhecimento humano, o que era dor de sofrimento passará a ser dor de sacrifício. Haverá um sentido nisso tudo, por incrível que possa parecer. Depois, como em um desabrochar, virá a gratidão.

"Este é o segredo do sacrifício: tudo termina em gratidão! Porque o sacrifício é, puramente, a tomada de consciência."

Quando entendermos que existe um propósito maior e que as respostas vão além do nosso mero conhecimento humano, o que era dor de sofrimento passará a ser dor de sacrifício.

— Benjamin, os pais desse meu amigo precisavam ouvir isso.
— Você, no momento certo, vai conversar com eles.
— Eu?
— Sim, acredite. Confie no que estou falando.
— Você está me deixando temeroso com tanta responsabilidade.
— Sei do que estou falando. Você, em sua jornada, se surpreenderá com o impacto positivo que vai causar na vida das pessoas.
— Esta conversa está ficando séria — comenta Fred com certa timidez.

Benjamin dá um sorriso de aprovação.

— Meu caro, com relação ao seu dilema: o show da nossa banda preferida e o emprego dos sonhos, você, para escolher, fez uma análise e ponderou prós e contras.
— Benjamin, sacrifício parece um pouco como um investimento. Eu deixo de consumir agora, invisto e terei um belo ganho no futuro.
— Parabéns pela bela conclusão. Somente ressalto que não estamos considerando, na sua conclusão, o aspecto sagrado do sacrifício.
— Entendi, sacrifícios e oferendas no altar.
— Fred, trata-se de um processo de escolha em que as opções vão, fatalmente, impactar sua vida no futuro, positiva ou negativamente. Uma sutil diferença entre sacrifício e sofrimento nos leva a um olhar temporal.

"O sacrifício é decidido no presente para colher resultados no futuro. Já o sofrimento é colhido no presente por ações ou omissões realizadas no passado. Ninguém planeja o sofrimento, exclusivamente sofre pelas atitudes que teve no passado.

"Ao passo que, no presente, você escolhe, conscientemente, determinada opção e, assim, abre mão de outra em detrimento de um bem-estar maior no futuro."

— Benjamin, podemos aplicar esse conceito em todos os campos da vida?
— Sim, no campo dos relacionamentos, do trabalho e até da religiosidade. Por exemplo, quando nos deparamos com pessoas

que trabalham em atividades de que não gostam, isso se torna um sofrimento. Relacionamentos que são sofrimentos não foram escolhas conscientes. Filhos que representam sofrimento para os pais também não foram escolhas conscientes, e assim por diante.

— Mas, no que diz respeito aos relacionamentos, não há uma maneira de anular o que é sofrimento?

— Sim, podemos reverter essa situação. As pessoas envolvidas terão que querer e agir nesse sentido.

— Compreendo, depende exclusivamente delas.

— Fred, é desse modo que podemos identificar o que é sacrifício ou sofrimento na vida.

— Benjamin, ficou claro para mim. Agora consigo ver a diferença entre sofrimento e sacrifício, mas ficou uma dúvida nisso tudo. Como fazer para saber se estou fazendo as escolhas certas? Não me refiro a pequenas e rotineiras escolhas, mas àquelas que mudam o curso da vida.

— Estava esperando você me perguntar isso. Como já falei outras vezes, não se pode mudar o passado, apenas aprender com ele. Porém é sua obrigação cuidar do seu futuro.

"Meu jovem, vou lhe dar outro presente que me foi dado quando eu tinha a sua idade. Só que, desta vez, você não terá que escolher, será um único presente. Ele o ajudará a sofrer o mínimo possível. Creia em mim, ao longo de sua vida, o sofrimento virá visitá-lo algumas vezes. Ninguém está imune a ele, mas podemos diminuir drasticamente suas visitas e o impacto delas. Este presente também vai auxiliá-lo em seus sacrifícios, quando precisar escolher qual é a melhor opção para o seu futuro."

— Estou curioso. O que eu tenho que fazer?

— Calma, Fred. Ainda temos um bom tempo até o embarque. Enquanto isso, você sabia que o número 40 é um dos mais citados na Bíblia? Ele aparece 146 vezes. Por exemplo, o Dilúvio durou 40 dias e 40 noites; 40 dias e 40 noites foi o período que Moisés passou no Monte Sinai; 40 anos foi o tempo que durou a travessia no deserto do Sinai; Jesus jejuou por 40 dias no deserto; 40 dias foi também o período que Jesus permaneceu na Terra após a Ressurreição; por 40 vezes Jesus pronuncia a palavra "cumprir" no Novo Testamento, isso no original grego *koiné*.

— Que incrível! Isso não pode ser coincidência.

Benjamin sorri e diz que os mistérios, os milagres e as coincidências são a explicação para aquilo que resiste à nossa compreensão.

— Qual é a relação desse número 40 com o sofrimento e o sacrifício que estávamos falando antes? – pergunta Fred, curioso.

Benjamin pega um guardanapo escreve algo nele, dobra-o e o entrega a Fred.

Então diz que é o seu presente.

O rapaz abre imediatamente o "presente" e fica olhando o que nele está escrito.

Benjamin, alisando a barba, observa o jovem até que ele rompe o silêncio e diz:

— Benjamin, o que significa 4/40/4?

— Esse é o seu presente. Grave esse número para o resto de sua vida.

— Já gravei. Nunca mais vou esquecê-lo. Mas o que ele significa?

— Fred, todas as situações de escolha pelas quais passamos ao longo da vida são divididas em três grupos: baixo, médio e alto impacto. Como o próprio nome diz, as escolhas de baixo impacto terão poucas consequências em nossa vida. Mas, se não ficarmos alertas, elas farão algum estrago e nos causarão desconfortos de toda ordem.

"Por exemplo, ter saído do carro, intempestivamente, e ir correndo até o estádio. O resultado foi de baixo impacto na história de sua vida: segunda via de documentos, outro aparelho de celular, mas pelo menos os dados estão na nuvem e não foram perdidos. Por outro lado, por falar em perder, você perdeu o show. Pronto, assim o sofrimento deve durar uns dois ou três dias."

— Concordo com sua análise. Do jeito que você falou, isso ficou mais leve.

— Ótimo que você pense assim. Agora vamos para o de médio impacto. Imagine se você tivesse optado por ir ao show, não bebesse nenhuma cerveja e, após o término, voltasse imediatamente

Os mistérios, os milagres e as coincidências são a explicação para aquilo que resiste à nossa compreensão.

para casa. Acordaria apenas com ressaca de sono. Poderia até ter sucesso no emprego, mas seria uma aposta arriscada, ou seja, um risco desnecessário. Você não teria curtido a noite como havia planejado e não teria tido uma boa performance no dia seguinte. Você precisaria de muito trabalho para desfazer a primeira imagem ruim que deixou. Teria que investir semanas, ou até meses, para reverter essa situação desfavorável.

— Verdade. Eu teria ficado meio dividido entre o show com os amigos e o primeiro dia no emprego dos sonhos. Isso poderia ter se transformado em um pesadelo.

— Já no caso do grupo de alto impacto, você abriria mão do emprego dos sonhos e entraria de cabeça no show com os amigos. Depois, provavelmente lamentaria essa decisão por anos.

— Benjamin, todo esse processo está ficando mais claro, e as consequências também. Só não consigo entender ainda esse número 4/40/4...

— Então vamos ler o manual de como utilizar o seu presente. Você se lembra dos exemplos que dei do número 40 na Bíblia?

— Sim, me lembro. O quatro está aí porque 40 é seu múltiplo, certo?

— Isso mesmo, futuro ganhador do Nobel de Economia! Pois bem, para as escolhas de baixo impacto, antes de qualquer tomada de decisão, você vai reservar quatro minutos. Com os olhos fechados, em silêncio e com a respiração compassada, você vai analisar a escolha a ser feita.

"No exemplo do carro, se você tivesse reservado quatro minutos para analisar a situação, certamente sua atitude seria outra. Mesmo que chegasse à conclusão de ir correndo, não teria saído abruptamente do carro sem pensar no celular e na carteira. Assim, o sofrimento teria sido mínimo ou nulo."

— Olhando assim fica fácil. Mas, na hora de tomar uma decisão, não sei se alguém vai ficar quatro minutos meditando se vai sair correndo ou não. No calor do momento, é adrenalina pura!

— Adrenalina burra, isso sim!

— Calma, Benjamin! — Fred solta uma gargalhada.

— Veja bem, esse é o motivo pelo qual a maioria das pessoas vive pastando no sofrimento. Simplesmente porque se permitem ser conduzidas pelas emoções. Toda vez que eu faço algo pautado pelas emoções, sou tragado por um sumidouro de energia psíquica.

— Benjamin, estou brincando. É muita coisa nova e diferente para mim, só isso. Vai ser difícil ter essa disciplina.

— Sei disso, mas sei também que você vai conseguir. Você é determinado e forte! Fique tranquilo, o primeiro passo é o mais importante, e você já iniciou a sua jornada.

— O 40 é para as escolhas de média complexidade, certo? — sugere Fred.

— Certo. Mas 40 o quê?

— Quarenta minutos para analisar as escolhas de média complexidade.

— Olha o rapaz! Muito bem. Essas escolhas impactam nossa vida positiva ou negativamente se não soubermos escolher. No exemplo entre decidir ir ao show e voltar para casa logo após o término, não beber cerveja, resistir aos apelos dos amigos e da sua futura princesa que estarão lá, seria muito tentador e difícil. Isso somado ao fato de acordar de ressaca de sono, num dia que seria longo resultaria em baixa performance. Resumindo, sem ponderar, o estrago seria grande.

"Lembre-se de que a primeira impressão é a que fica e de que precisamos impactar positivamente logo de cara. Para recuperar a imagem arranhada, seriam necessários alguns meses ou semanas."

— Correto, já entendi. Preciso então me retirar em silêncio, com a respiração compassada, analisar os prós e contras e, por fim, escolher corretamente.

— Está indo muito bem. Vamos para a última etapa, as decisões de alto impacto. No exemplo, você recebeu o comunicado para começar no emprego dos sonhos um dia antes. Já estava tudo organizado para o show. Ou seja, caberia somente a você a decisão de fazer a escolha certa e colocar a vida no caminho desejado. Fred, neste caso, o quatro se refere a quê?

— Não são minutos e nem dias, pois recebi a notícia na véspera. Então, acho que são quatro horas.

— Perfeito! Me orgulho de você. Como a decisão é de alto impacto, você não pode fazê-la no carro, no quarto ou no banheiro. O recomendado é fazê-la em um bosque, numa área verde de um parque e num local seguro, sem interferência de outras pessoas ou do celular.

"Programe-se, leve água, um lanchinho e desfrute desse momento de purificação e análise. Assim, você saberá se o sacrifício valerá a pena. O seu futuro Eu agradecerá a escolha que você fará."

— Benjamin, assim que eu chegar em casa, vou me programar e farei uma escolha que será de alto impacto. De agora em diante, não serei mais escravo ou prisioneiro das minhas escolhas, serei o protagonista liberto delas. Sofrimento? Somente quando o meu time perder.

Benjamin solta um farto sorriso e diz:
— Nosso time!

Lembre-se de que a primeira impressão é a que fica e de que precisamos impactar positivamente logo de cara. Para recuperar a imagem arranhada, seriam necessários alguns meses ou semanas.

Vó, o leite derramou!

"Autorresponsabilidade é a plena convicção de que você é o único responsável pela vida que tem hoje, e consequentemente o único responsável por mudá-la."

PAULO VIEIRA

Fred, ainda com relação à conversa anterior, simplesmente olha para Benjamin e sorri.

Logo em seguida, começa a checar as mensagens no celular e a tomar café. Distrai-se e derrama café sobre a mesa, quase em cima do aparelho, então dispara:

— Não tem cabimento eles colocarem uma mesa em que não cabe nada! Parece mais uma bandeja disfarçada de mesa. Agora vai levar uma eternidade para limparem e quase estrago o meu celular!

Benjamin, saboreando calmamente seu café e observando a cena, comenta que Fred o fez lembrar da época em que passava férias na fazenda da avó.

— Por que, Benjamin? — Fred, ainda irritado, pergunta com certa alteração.

— Minha avó contava que, toda vez que colocava o leite para ferver, pedia a algum neto que "olhasse o leite" e, quase sempre, ele derramava. Toda vez que isso acontecia, o jovem vigilante soltava um grito que ecoava por toda a cozinha: "Vó, o leite derramou!".

"Aquele descuido deixava o fogão todo branco. Muitos anos se passaram e a culpa continua sendo do leite que derramou, do fogo alto, de alguém ou de algo que tirou sua atenção. Nunca é do garoto que estava olhando o leite ferver."

— É verdade. Certa vez, na fazenda, minha avó também me pediu que eu olhasse o leite ferver e eu o deixei derramar. Ela me deu uma senhora bronca! Acho que todos que tiveram experiência semelhante já passaram por isso.

— Fred, só que esse menino cresceu, mas continua responsabilizando o trânsito pelos seus atrasos; o governo ou a concorrência pelos maus resultados dos seus negócios; a televisão, a mídia social e o celular pela má educação dos filhos; as circunstâncias e as contingências pelas decisões erradas; ou o tamanho da mesa por derrubar o café... ele ainda traz consigo a irresponsabilidade infantil.

"É sempre o outro, nunca ele. A autorresponsabilidade é essencial para o crescimento, e ela deve ser praticada com maestria, frequentemente e em tudo na vida. Somos responsáveis pelas nossas escolhas, decisões e consequências; caso contrário, viramos as costas para a verdade e abraçamos a mentira."

— Benjamin, agora fiquei com vergonha do modo como reagi.

— Fred, parabéns por essa verdade! Saiba que esse é o primeiro passo para a autorresponsabilidade.

Por que a humanidade vive tão angustiada?

"A única realidade é o momento."

THOMAS HOBBES

Após limparem a mesa, e ainda um pouco angustiado pela situação vivida, Fred pergunta a Benjamin **por que a humanidade vive tão angustiada**.

Benjamin toma um pouco de água, respira pausadamente e reflete sobre a pergunta, então responde que essa angústia é baseada em três tipos de medo: os fantasmas do passado, a insegurança quanto ao futuro e a certeza da morte.

— Fred, não se esqueça de que temos juízes e algozes do passado que não se cansam de nos sentenciar a viver prestando contas a eles, tal qual uma sentença infinita.

"Como se não bastasse, somos escravos de paraísos perdidos, condenados a viver sob a nostalgia de momentos alegres, de pessoas com quem um dia compartilhamos nossa vida e de lugares que visitamos. Trazemos dentro de nós esse Tribunal do Ontem. Precisamos percebê-lo e destruí-lo!"

— Benjamin, quer dizer que não é para eu me lembrar das coisas que vivi?

— Meu jovem, não vá ao passado, ele é sedutor e traiçoeiro, mas jamais feche a porta quando ele vier a você. Quando esse momento chegar, trate-o com o que tem de melhor dentro de si.

"Quanto ao futuro, ele é o porvir, é aquilo que há de ser, é uma página em branco. Com o que ele vai nos presentear? Ninguém sabe, tudo não passa de suposição. Nenhuma pessoa conhece o futuro."

— E se alguém souber prevê-lo? O mundo está cheio de videntes.

Benjamin responde que poucos vão acreditar nessas pessoas, que a história está repleta de Cassandras, e que o mundo está farto de trapaceiros enganando pessoas que creem em tudo o que ouvem.

— E quem é Cassandra? — questiona Fred.

— É uma personagem da mitologia grega que fez previsões sobre a cidade de Troia. Porém, a ela foi lançada uma maldição, fazendo com que ninguém acreditasse em seus avisos e profecias. Por isso, foi considerada louca.

— Deve ser realmente desesperador saber o que vai acontecer com alguém, tentar alertar sobre o futuro e, ainda assim, essa pessoa não acreditar em você. É preferível nem ter esse dom.

— Você tem razão, Fred, deve ser muito angustiante. Finalmente, nada nos faz sentir mais vivos do que a certeza da morte. Ela é a amiga que não desejamos abraçar tão cedo, mas um dia vamos, tranquilamente, descansar em seus braços.

Fred respira fundo e se solta no espaldar da cadeira.

Balde cheio

*"Eu já tentei de tudo
Mas não tenho remédio
Pra livrar-me desse tédio."*

BIQUINI CAVADÃO

Fred, pensando sobre a conversa anterior, resolve confidenciar uma situação que o está angustiando.

— Benjamin, estou terminando a faculdade e o meu estágio está chegando ao fim. Em alguns momentos, tenho a sensação de que não saio do lugar. Tudo me parece tedioso. Tem horas que sinto que peguei a estrada errada. Gostaria de deletar muita coisa em minha vida.

— Isso o tornaria mais alegre e motivado?

— Não tenho certeza. Mas acho que sim, só não sei como.

— Fred, logo que eu saí da faculdade, durante uma viagem a trabalho, aproveitei o fim de semana e fiz uma excursão para conhecer a região em que estava. No ônibus, sentou-se ao meu lado uma típica senhora espanhola: alegre, simpática e bem falante. O nome dela era Carmen de Dios. Ela me disse, quase cochichando, que preferia ser chamada de Carmesita de Dios. Achei aquilo tudo interessante e começamos a conversar.

"Ao longo da viagem, surgiu uma relação de afinidade entre nós. E entre uma conversa e outra, eu disse a ela que não aguentava mais nada. Tudo me parecia cansativo e repetitivo. A vida estava chata e minha paciência tornara-se artigo raro, eu estava com o **balde cheio**. Queria esvaziá-lo e enchê-lo novamente com outros conhecimentos, novos ares, novas experiências! Ela ouviu calmamente tudo aquilo e assim permaneceu por algum tempo. Por fim, virou-se para mim e disse: 'Jovem, sua vida inteira está nesse balde. Você é fruto do que está dentro dele e quer esvaziá-lo? Vai deixar de ser você para tornar-se quem?'.

"Fiquei calado. Não sabia o que dizer. Ela completou dizendo que eu não o esvaziasse, mas que o trocasse por um balde maior.

"E, Fred, essa viagem marcou minha vida."

Certos caminhos não têm atalhos

"Os atalhos causam longos atrasos."

J. R. R. TOLKIEN

— Benjamin, sinceramente, me dá um desânimo quando penso em quanto tempo ainda falta para chegar em casa e poder dormir por umas dez horas. Tenho vontade de falar para o piloto do avião pegar um atalho. — Fred, ainda abatido pela ressaca, comenta da sua sofrença.

Benjamin argumenta que seria ótimo e pergunta se ele acha que os outros passageiros concordariam. Logo depois, conta que certa vez presenteou uma colega de trabalho com um livro e que, quando ela abriu o pacote, sorriu um pouco desapontada e agradeceu.

— Por acaso ela também viajaria de avião? Foi por isso que você deu o livro a ela?

Benjamin solta uma risada, fala que não e continua a sua narrativa.

Conta que, alguns anos depois desse incidente, quando já não trabalhavam mais juntos, encontrou essa amiga em uma festa. Ele não se recorda sobre o motivo de o assunto ter surgido, mas conta que ela lhe falou que ainda não tinha lido o tal livro.

Benjamin, então, disse a ela que ficasse tranquila, pois o livro estava se preparando para ela.

— Benjamin, mas não seria o contrário? Não seria *ela* quem, um dia, estaria preparada para o livro?

— Para você, quem é mais importante? O livro ou a pessoa?

— Depende. Tem gente que não vale uma página de alguns livros — diz Fred, direto e mordaz.

Benjamin sorri, balança a cabeça e relata que ela havia entrado em contato com ele alguns anos após terem se encontrado naquela festa.

Ele nunca mais havia tido notícias dela até então, quando, inesperadamente, ela surge agradecendo pelo livro.

Benjamin conta que ela não entendia o motivo de não tê-lo lido antes, e que carregava uma sensação de tempo perdido, de certo desgosto.

— Na época, eu disse que era assim mesmo e que o livro estava se preparando para ela. Então, finalmente ele havia ficado pronto. Aproveitei para dizer que **certos caminhos não têm atalhos.**

— Acredito que a gratidão seja uma coisa de almas nobres! — afirma Fred de maneira inesperada.

— Meu jovem, que bela constatação. Tente imaginar assim: talvez o voo não esteja atrasado, quem sabe ele esteja se preparando para você? — Benjamin conclui a frase dando uma piscadela para o rapaz.

O hábito de reclamar

*"Repare na natureza:
trabalha continuamente,
mas em silêncio."*

MAHATMA GANDHI

Benjamin observa que Fred reclama de quase tudo: do café que está frio, do vinho que está quente, do voo que está demorando, do atendimento do garçom, dos vizinhos de mesa, do desconforto da cadeira, do tamanho da mesa, e percebe que, ao final, não sobra quase nada de positivo.

— Fred, permita-me falar, pois te conheço, embora você ainda não saiba quem eu sou.

— Benjamin, isso já está me tirando do sério! Me diga, de onde você me conhece? Quem é você?

— Calma, você saberá antes de chegarmos ao nosso destino.

Logo após as reclamações e insistências do rapaz para saber quem era esse Velho Bruxo, Benjamin decide comentar algo que observou no comportamento de Fred.

— Agora gostaria que me ouvisse com muita atenção! Você sabia que as pessoas que reclamam vivem estressadas? A reclamação libera o hormônio do estresse, o cortisol.

— É que, quando eu não gosto de alguma coisa, eu reclamo mesmo, coloco minha insatisfação para fora! — vocifera Fred.

— Esse é um direito que lhe cabe, mas saiba que reclamar é clamar, repetidamente, por aquilo que lhe causa descontentamento. É, em essência, discordar de Deus!

— Como assim, discordar de Deus? Simplesmente por eu não concordar com o que aconteceu?

— Observe que tudo o que acontece vem de Deus e que tudo o que vem Dele é bom. Então, compete a nós evoluirmos com o que está acontecendo conosco. Não é fácil, mas é o melhor caminho.

— Benjamin, confesso que não é fácil entender e aceitar isso.

— Você está certo, repito: não é fácil! Eis o motivo pelo qual a reclamação tornou-se um comportamento tóxico, uma verdadeira epidemia. Observe que o ato de reclamar é a soma de dois distúrbios, ou melhor, de dois vícios: o pessimismo e o perfeccionismo.

— Então, quer dizer que toda pessoa que reclama é pessimista e perfeccionista? Se eu não gostei de algo, não devo reclamar e tenho que aceitar e pronto?! É isso?

— Considere que uma reclamação isolada pode ser um desabafo em voz alta ou a verbalização de alguma indignação. Jesus mesmo nos disse para não nos conformarmos com as coisas deste mundo.

"Mas repare que ele nunca disse para ficarmos murmurando ou reclamando. Perceba que isso é diferente de estar acomodado e conformado, ou tampouco se calar perante tudo. Não é para ignorar as pedras que estão no caminho, e sim enxergá-las no seu justo tamanho.

"Mas, cuidado: **o hábito de reclamar**, este, sim, é nocivo. Ele nos intoxica, e passamos, como seus escravos, a reclamar de tudo e de todos. E, tenha certeza, isso vai nos consumir aos poucos."

— Está começando a fazer sentido para mim — diz Fred, mais reflexivo.

— Note que o perfeccionista é viciado em perfeição. Busca a perfeição em tudo, o tempo todo e com todos, principalmente consigo mesmo. Para ele, o medo de errar é maior do que o prazer de estar vivendo ou fazendo algo.

"O que ele faz, não importa o que seja, tem que ser o melhor que já fez e sem nenhum erro. Seja preparar um simples ovo frito ou se relacionar com alguém. Esse tipo de pessoa fica em constante estado de alerta, critica os outros e a si mesmo a todo o momento.

"É como um motor que funciona na rotação máxima, o tempo todo. A dúvida não é se o motor vai fundir, mas sim quando. Para o perfeccionista, o céu nunca será o limite e o fundo do poço sempre terá um porão."

— Benjamin, eu fazia outra imagem da pessoa perfeccionista, considerava algo positivo.

— Meu caro, tudo bem a perfeição ser uma referência. Mostra que você é dedicado, focado e que busca a excelência. O problema é quando isso se torna uma obsessão e começa a travar suas atitudes, seus relacionamentos e, enfim, sua vida.

— Entendi, trata-se de uma perigosa overdose de altíssimos padrões de desempenho em todas as áreas da vida.

— Muito bem, Fred! Parabéns, gostei da sua definição. Mas lembre-se de que há uma diferença entre buscar altíssimos padrões de desempenho e padrões extraordinários. Estes são positivos e saudáveis e nos levam a perceber o que a maioria das pessoas não consegue.

"Quanto ao pessimista, ele enxerga tudo e a todos pela lente do resultado péssimo, daí o nome; isso sem contar a visão negativa e a preocupação excessiva. O céu dele, durante todas as estações do ano, será sempre cinza e triste. Ouça com muita atenção: se a pessoa for mal-humorada, nem o espelho a aguenta!"

— Benjamin, é aquela história de como eu vejo o copo? Se meio cheio ou meio vazio, certo?

— Isso mesmo. Só que o pessimista sempre vai fixar o olhar e o pensamento no que está faltando; assim, a vida fica pesada e arrastada.

— E não existe um antídoto ou um contraponto para essa tendência de viver reclamando de tudo e de todos?

— Fred, existe, sim. Esse antídoto é composto pelo contentamento e pela gratidão. E estes nada mais são do que a contemplação do belo, a atitude de estar grato com quem se é, com o que se tem e com aquilo que realmente faz sentido. Por isso, é necessário cultivar o contentamento e a gratidão, pois somente assim conseguiremos dizer "Boa noite!" e dormir.

O ato de reclamar
é a soma de
dois distúrbios,
diria melhor,
dois vícios:
o pessimismo e o
perfeccionismo.

Tenho esperança de conversar com ele!

"Fala demais por não ter nada a dizer."

LEGIÃO URBANA

— Eu ainda escuto o Mardo porque **tenho esperança de conversar com ele!** — Benjamin solta do nada.

— E quem é esse Mardo? — pergunta Fred.

Benjamin explica que é um primo de sua esposa. O nome dele é Marlindo, mas ele costuma dizer que de lindo não tem nada e que prefere ser chamado de Mardo.

Ele é conhecido por falar compulsivamente, fazer perguntas e respondê-las ele mesmo. Chega a ser cômico.

Mardo é muito amável e todos gostam dele, mas tem essa atrapalhação. Parece uma metralhadora verbal.

— Sinceramente, não sei o motivo de me lembrar dele agora. Talvez seja o nosso vizinho da mesa ao lado. A memória nos prega essas peças.

Benjamin comenta que sua esposa, certa ocasião, estava lendo um livro e recitou para ele uma passagem que tinha achado bem interessante.

Desde então, ele começou a associar essa passagem ao primo Mardo e a todas as pessoas que têm comportamento semelhante ao dele.

A passagem dizia assim:

"Faça silêncio e despertará os anjos que vivem no céu do seu coração. Mas, preste atenção, eles adormecerão assim que você começar a falar!"

Fred comenta, então, que acha essa frase poética e muito zen. Diz também que, de agora em diante, vai chamar de Mardo as pessoas que falam mais do que escutam.

Então, ele olha para Benjamin e diz:

— Mardo, você não acha que é uma boa ideia?

— Tá certo, Fred. Só não se esqueça de anotar que vai ter troco.

Ambos dão uma boa gargalhada.

Cuidado com a armadilha das hipóteses imperativas!

"É surpreendente o tempo que gastamos pensando no que foi e não é mais e naquilo que poderia ser."

ARISTÓTELES

Fred, dando voltas com o dedo na borda da taça de vinho, suspira profundamente e diz:

— Benjamin, se eu pudesse voltar no tempo, faria escolhas bem diferentes das que fiz.

— Você quer aumentar ainda mais a sua coleção? Ela já não está grande o suficiente?

— Coleção de quê?

— De escolhas erradas.

— Como assim, escolhas erradas?

— Isso mesmo, voltar no tempo para fazer escolhas diferentes das que fez. Isso seria como deletar momentos e pessoas da sua vida, como se fosse um parágrafo que você escreveu e não gostou. É mais fácil agir assim, não é? Pare o carro que eu quero descer, não quero brincar mais. São essas situações que vão construindo quem somos, tal qual um mosaico.

— Benjamin, você chegou dando uma voadora no meu peito — Fred diz, e começa a rir para disfarçar a situação.

— Meu querido, **cuidado com a armadilha das hipóteses imperativas!** — Benjamin aconselha de maneira direta e absoluta, quase como uma repreensão.

"Faça silêncio e despertará os anjos que vivem no céu do seu coração. Mas, preste atenção, eles adormecerão assim que você começar a falar!"

— Hipóteses imperativas? Como assim? O que são essas hipóteses? — Fred, surpreendido, pergunta de modo hesitante.

Após tomar um pouco de água, Benjamin começa a explicar:

— A primeira vez que ouvi essa expressão foi quando comecei a trabalhar com o senhor Ramghad.

"Durante uma consultoria, ele conversava com o dono da empresa, e este começou a falar que 'se tivesse feito desse jeito, a situação seria diferente, se não considerasse tal escolha, nada daquilo teria acontecido'. Assim era sua lista de hipóteses imperativas.

"Então, o senhor Ramghad o aconselhou a nunca se sustentar nesse tipo de argumento, uma vez que isso não passava de uma mera desculpa sofisticada. O empresário ficou reflexivo, mas concordou. O senhor Ramghad explicou ainda que as decisões são reflexos de emoções, opiniões, comportamentos e crenças.

"Fred, essas hipóteses imperativas são tóxicas e viciantes. Facilmente nos conduzem à sua teia quando tentamos explicar situações utilizando este argumento: 'Se eu tivesse feito isso em vez daquilo, a situação seria diferente!'. Essas suposições tendem a responder a um problema e, confortavelmente, acabam habitando a mente de maneira permanente, gerando uma espécie de flagelo mental.

"Antes de qualquer coisa, você deve entender que não está voltando ao momento daquela tomada de decisão para analisá-la. Você, simplesmente, está fugindo do resultado daquela escolha. Continuar a fazer isso recorrentemente, visitando um determinado momento da vida, não vai alterá-lo."

— Então o que devo fazer? Não é interessante eu imaginar como seria se tivesse tomado outro caminho?

— Só estou dizendo para ter cuidado com esses pensamentos. Eles podem se tornar devaneios e ocupar sua mente de maneira excessiva, e você não terá mais controle sobre eles.

"Além disso, ainda pergunto: quem será capaz de se manter nessa análise sem se contaminar? Eu, por exemplo, corro dessas situações chamadas hipóteses imperativas, visto que são sedutoras, implacáveis e viciantes. São como drogas. Me mostre um único usuário ou dependente que nunca as experimentou, primeiramente, de modo recreativo."

— Benjamin, mas quando eu volto em uma situação não é porque estou arrependido? — Fred insiste nesse ponto.

— Meu querido, entendo sua ponderação, mas precisamos perceber que há uma sutil diferença entre arrependimento e remorso.

Neste momento, Fred o interrompe e diz que a situação está ficando mais complexa.

— Fred, é isso mesmo, existem duas simplicidades: uma antes e outra após a complexidade. Vamos buscar a segunda.

"Tanto o arrependimento quanto o remorso são carregados de culpa, tristeza e sofrimento. Trata-se de algo que eu fiz que prejudicou, magoou e feriu alguém, ou que foi contra os meus princípios.

"O remorso, que é a dor provocada pela consciência, torna-me prisioneiro da decisão que tomei de falar ou de silenciar, de agir ou de me omitir, carregando, desse modo, a culpa pelas consequências. Isso me deixará imobilizado e ficarei sem poder de ação, sem voz, somente remoendo a dor.

"Por outro lado, quando analiso a situação em que me encontro, observando como cheguei até aqui, as consequências dos meus atos, como me permiti ser influenciado pelas circunstâncias e pessoas, e assumindo que a decisão de agir de determinada maneira foi de minha responsabilidade, estarei, assim, deixando de ser imaturo, e a consequência será um ato de nobreza: pedir perdão.

"O arrependimento é, portanto, libertador, gera mudança e ação reparadora, me conduz para um nível mais elevado do desenvolvimento espiritual e humano."

— Benjamin, agora está ficando mais claro para mim.

— Fred, eu insisto em dizer que liberdade e responsabilidade são dois lados de uma mesma moeda. A maioria das pessoas olha apenas o lado da liberdade. E é perigoso a liberdade caminhar sozinha. É necessário que ande de mãos dadas com a responsabilidade.

"Assim, é nosso dever enfrentar as crises, pois elas são as dores do parto de nós mesmos, uma espécie de autoparição. É o chamado para o autodesenvolvimento."

— Benjamin, você coloca de um jeito que parece que temos que sofrer para nos desenvolver. Você é um estoico?

— Taí, gostei. Embora os estoicos tenham muitas coisas admiráveis, não sou um deles. Pelo contrário, passo bem longe. Falo de crescimento interior, de encontrar sentido para a vida e de viver em plenitude e vigor.

"Meu jovem, nas várias opções de moradas que temos, infelizmente escolhemos viver no porão da alma. Falta coragem para viver na suíte mais confortável, que está especialmente preparada para nós.

"Deus nos dá essa escolha, e o que fazemos? Nada. Pois insistimos com o pouco, com o quase nada. Muitos se alimentam apenas de migalhas e carecem de ousadia para sair do porão para desfrutar do banquete que nos é oferecido."

— Quer dizer que, se eu não ousar buscar o meu crescimento, o que você chama de autodesenvolvimento, ficarei remoendo decisões tomadas equivocadamente e comendo migalhas e sobras de outros banquetes?

— Muito bem! Somos o resultado das nossas escolhas. Agora, nos cabe examinar nossas decisões e aprender com elas. Além de perceber, sobretudo, se elas estão fazendo sentido em nossa vida.

"Devemos olhar para a frente, afinal o passado já é destino consumado. Liberdade é poder escolher, responsabilidade é saber assumir e desfrutar das consequências de uma escolha."

Após o diálogo, o silêncio hospeda-se entre eles, a exemplo de outras vezes.

É nosso dever
enfrentar as crises,
pois elas são as dores
do parto de nós
mesmos, uma espécie
de autoparição.
É o chamado para
o autodesenvolvimento.

Que belo começo!

"O que alguém não quer saber sobre si mesmo acaba vindo de fora sob a forma de destino."

C. G. JUNG

Benjamin diz que todos precisamos deixar um recado para o mundo. Pode-se viver toda uma vida e nunca descobrir qual é o seu, porém, quando o descobrirmos, tudo ficará mais leve. É como uma retribuição pela dádiva da vida.

— E você já descobriu qual é o seu? — pergunta Fred.

— Sim. É permitir que Deus se mostre através de mim em tudo o que faço. É como um prisma que de um lado deixa entrar uma luz branca e, do outro, faz sair um arco-íris. Deus permite essa maravilha em nós quando nos unimos a Ele.

— E como você alcançou esse entendimento?

— Eu era um pouco mais velho do que você quando isso aconteceu. Na época, eu estava em um *ashram*, na Índia.

"Após ouvir um mestre falar, durante um *Satsang*, que é um encontro com a verdade, senti o nascimento dessa orientação. Fui tomado por uma sensação de plenitude. E a clareza daquela mensagem me trouxe paz e direcionamento. A partir de então, tudo em minha vida passou a ser conduzido de acordo com esse propósito."

Os dois então ficam em silêncio por um tempo.

Benjamin corta a quietude perguntando a Fred qual recado ele daria ao mundo.

Fred simplesmente diz não saber.

— Meu jovem, essa resposta é a mais fácil. Ao nascer, todos nós já temos um recado a dar. Ele está guardado numa pequena caixa no fundo do coração. Nossa missão é mostrá-lo ao mundo e a nós mesmos.

— Mas eu não sei como chegar a essa caixa — Fred confessa humildemente sua incapacidade para realizar tal feito.

— Lembre-se de que você encontrará o seu recado nessa caixa e que, após essa viagem, nunca mais será o mesmo. Você quer que eu lhe mostre o caminho?

— Sim! Mas aqui? Agora? Como?

— Esqueça esse "aqui e agora", são apenas barulhos à nossa volta. Concentre-se no seu desejo. Se vier do coração, ele saberá o caminho de volta.

— Benjamin, o que terei que fazer?

— Faça tudo o que eu disser. Não questione, não se importe com as pessoas ou com o lugar onde estamos. Estamos de acordo?

— Sim! Estou pronto.

Benjamin, com a voz firme e cadenciada, pede a Fred que se sente corretamente na cadeira, descanse as mãos, com as palmas viradas para cima, sobre as pernas, feche os olhos, respire lenta e profundamente.

— Fred, perceba todos os sons que estão à sua volta. Não se apegue a eles, simplesmente os perceba e os deixe ir. Continue respirando lentamente, observe o ar entrando e saindo do seu corpo. Gaste o dobro do tempo que inspirar para expirar. Continue, vamos fazer isso por algum tempo. Simplesmente faça e se permita realizar essa viagem.

Depois de alguns minutos, Benjamin pede a Fred que imagine um lugar com grama verde, flores, um pequeno riacho com águas cristalinas, brisa, sol e temperatura agradável de primavera, um verdadeiro oásis tranquilo e seguro.

Nesse lugar há um jardim onde as flores formam a palavra **gratidão**.

Ele pede a Fred que caminhe em direção à palavra formada por flores e diz que, no meio dela, há um pequeno baú. Então pede que ele abra o baú e pegue a caixa que há dentro.

— Meu jovem, dentro dessa caixa você encontrará um papel dobrado. Abra-o e leia o que está escrito. Depois, cuidadosamente, guarde-o de novo na caixa, e coloque a caixa dentro do baú.

"Nesse momento, você compreenderá que já esteve nesse local. Perceba que tudo lhe é familiar e sinta-se acolhido. Sei que está muito agradável, mas, apesar de querer ficar mais tempo nesse lugar maravilhoso, temos que começar a fazer o caminho de volta. Agora você conhece o caminho e poderá voltar sempre que desejar. Estamos voltando. Continue respirando lentamente, estamos quase chegando."

Após o que parecia uma viagem de algumas horas, Fred finalmente volta.

Benjamin diz a ele que continue com os olhos fechados e que aproveite a sensação de paz.

— Fred, a partir deste momento, você começará a perceber os sons que estão à sua volta, a movimentar os dedos das mãos, a língua dentro da boca e, finalmente, abrirá os olhos.

Quando Fred abre os olhos, é recebido por um largo sorriso de Benjamin e uma pergunta direta:

— Meu jovem, qual recado você tem para dar ao mundo?

Fred, sorrindo tal qual uma criança que acabou de acordar do sono da tarde, responde:

— *Ninguém pode estar com o outro se não estiver consigo mesmo.*

Benjamin coloca a mão no ombro de Fred, sorri orgulhoso e diz:

— Que belo começo! A propósito, a partir de agora me chame apenas de Ben.

**Ninguém
pode estar
com o outro se
não estiver
consigo mesmo.**

PARTE IV
INVERNO

"Para o ignorante,
a velhice é o inverno;
para o instruído é
a estação da colheita."

PROVÉRBIO JUDAICO

Devemos manter a prataria sempre brilhando!

"Se o machado perder o corte e não for afiado, será preciso golpear com muito mais força; ter uma atitude sábia assegura o sucesso!"

ECLESIASTES 10:10

— Benjamin, alguém vai buscá-lo no aeroporto?

— Em primeiro lugar, o combinado é que agora você vai me chamar de Ben, certo?

— É estranho chamá-lo de Ben, mas gostei, vou me acostumar.

— Em segundo lugar, ninguém vai me buscar no aeroporto. Neste caso, vou de carona com você.

Fred, pego de surpresa, fica um pouco desconfortável.

— Fique tranquilo, Fred, não será necessário desviar do caminho de sua casa.

— Ben, como sabe onde eu moro? Ah! Me esqueci de que você sabe tudo a meu respeito — diz Fred em tom espirituoso.

Benjamin simplesmente inclina a cabeça e dá uma piscadela para Fred.

— Sem problemas, minha irmã vai nos buscar.

— Muito bom! E, agora que eu consegui minha carona, vamos conversar sobre algo que ainda não está claro para mim.

— Ben, o que seria?

— O que você está fazendo no seu dia a dia, além da faculdade e do estágio?

— Como assim? Você não sabe tudo a meu respeito?

Benjamin sorri e fala:

— Esse é o bom e velho Fred!

Depois, Benjamim pede a ele que conte como é a sua rotina, pois ainda há um bom tempo antes do voo.

— Ben, você quer que eu conte com que nível de detalhes?

— Comece falando o que você faz nas vinte e quatro horas do dia.

— Já te falei que estou no último ano da faculdade, faço estágio, moro com meus pais e minha irmã. Também durmo, tomo banho, me alimento, saio para me divertir, pratico karatê... Enfim, uma vida normal.

Benjamin olha calmamente para ele e diz:

— Fred, sempre que minha esposa queria dar um toque de elegância ao jantar, lançava mão das peças de prata para compor a mesa posta. Para ela, não importava se éramos somente nós dois ou se receberíamos convidados. Os talheres e os outros utensílios de prata brilhavam numa elegância única.

— Interessante o que você está me contando, Ben, mas não entendi a relação disso com o que eu faço nas vinte e quatro horas do dia...

— Fique tranquilo que você vai entender. Minha esposa tinha um ritual. Uma vez por mês, ela limpava todas as peças de prata, e, quando chegava o sagrado dia, ela falava bem alto: "Devemos manter a prataria sempre brilhando!".

— Mas, Ben, uma trabalheira dessas todo mês? Que canseira! Tem que ter muita paciência.

— Verdade, dá certo trabalho. Mas lembre-se de que ela gostava de dar um toque de elegância aos jantares, mesmo que, na maioria das vezes, somente para nós dois.

— Sim, é verdade.

— Além disso, há o fato de que a prata é um metal que fica opaco quando em contato com o ar, umidade ou maresia. Há, também, os pontos de oxidação e as ranhuras nas peças. Por isso, deve-se limpá-las pelo menos uma vez ao mês.

— Ben, agora entendi o motivo de a sua esposa cuidar da prataria. Mas continuo sem entender qual é a relação com a pergunta que me fez.

— Fred, todos nós somos feitos da mais pura prata, a chamada Prata de Lei. O curioso é que a Prata de Lei é, inclusive, a que tem a maior chance de oxidação.

— A prata mais pura é a que tem maior chance de enferrujar?

— Sim, podemos colocar nesses termos. E tem mais uma coisa: se colocarmos uma peça de Prata de Lei próxima de um ímã, ela não será atraída pelo ímã. Se acontecer de ser atraída, é porque não se trata de uma peça da mais pura prata.

— Que bacana, Ben! Entendi que o talher de Prata de Lei é o mais fácil de sujar, e que não é atraído pelo ímã, mas você me perguntou como é o meu dia, e até agora nada me faz sentido.

— Meu caro, somos feitos da mais pura prata, a Prata de Lei. Se não houver o cuidado de nos mantermos limpos, brilhantes e reluzentes, a oxidação, aos poucos, tomará conta de nós e, assim, não conseguiremos refletir a Luz da Criação.

"O ímã do mal, naturalmente, não nos atrai, somos protegidos em relação a essa dor. No entanto, se estivermos opacos, sem brilho, oxidados e escuros, aí, sim, estaremos cegos. Então, inevitavelmente, seremos atraídos pelo ímã do mal!"

— Ben, que bacana! Mas o que eu tenho que fazer para não ficar oxidado e sem brilho, e então não ser atraído pelo ímã do mal?

— Simplesmente fazendo o que minha esposa fazia: manter a prataria brilhando!

— Mas como? Na prática, o que temos que fazer?

— Fred, quando brilhamos, reluzimos a Luz da Criação e estamos em paz física, emocional, racional e espiritualmente.

"Somos formados por essas quatro dimensões, que são feitas da mais pura prata e constituem-se em nossas pratarias. Então, devemos cuidar delas com toda a nossa energia!

"Em relação à prataria física, que é o nosso corpo, devemos cuidar dele diariamente. Isso aprendemos desde criança: tomar banho, escovar os dentes, cuidar da aparência, o chamado asseio básico. Além disso, ter sono de qualidade, alimentar-se bem e praticar atividade física sistemática também são fundamentais. Com essas 'limpezas', nossa prataria física, ou seja, o corpo, ficará brilhando.

"A prataria da dimensão emocional será cuidada, principalmente, com meditação diária e relacionamentos de qualidade. A prataria da dimensão racional será lustrada com bons livros, vídeos, cursos e novos conhecimentos que promovam nosso desenvolvimento intelectual. Finalmente, a prataria da dimensão espiritual será protegida com orações, condutas de gratidão e humildade.

"Todas essas dimensões são interligadas e constituem a obra-prima de Deus: nós! Por isso, meu querido Fred, precisamos estar em comunhão com Deus, conosco e com o próximo. Dessa maneira, não ficaremos oxidados e opacos e não seremos atraídos pelo ímã do mal."

— Ben, agora compreendo a sua pergunta sobre o que faço nas vinte e quatro horas do meu dia. Preciso mudar e ajustar muita coisa em minha vida.

— Fred, isso é um processo. Ele tem início, mas não tem fim, trata-se de um *continuum*.

— Verdade, quero deixar minha prataria brilhando!

Um farto sorriso fica no ar.

Somos feitos da mais pura prata, a Prata de Lei. Se não houver o cuidado de nos mantermos limpos, brilhantes e reluzentes, a oxidação, aos poucos, tomará conta de nós e, assim, não conseguiremos refletir a Luz da Criação.

Mar da Galileia ou Mar Morto?

"Pois onde estiver o vosso tesouro, ali estará também o vosso coração."

LUCAS 12:34

Fred, tal qual um scanner, começa a varrer com os olhos todas as pessoas que estão no seu raio de visão.

— Ben, olhando para as pessoas que estão aqui no aeroporto, posso calcular que a maioria delas está viajando de férias, concorda?

— Fred, não sei. Mas, com base em sua lógica, posso apostar que metade está indo para algum lugar e a outra está voltando — comenta Benjamin em tom espirituoso.

— Ben, nem sei se comento sua resposta. Tem horas que é melhor ficar calado.

Ben dá risada e diz que não perderia a piada por nada!

— Pensando em tudo o que conversamos, fico olhando para o rosto dessas pessoas e percebo que cada uma tem a própria história. Todas trazem consigo suas conquistas, perdas, paixões, medos... enfim, emoções que impedem de avançar e de crescer, mas também outras que nos impulsionam, que nos movem.

Benjamin, ao ouvir essa observação de Fred, ajeita-se na cadeira e olha, silenciosamente, nos olhos do jovem. Com admiração, fala:

— Fred, que preciosidade você acabou de dizer. Estou muito orgulhoso de você. O que mais você consegue ver ao olhar para essas pessoas que estão nesse vaivém pelos corredores do aeroporto?

— Vejo que o rosto delas, o jeito que se movem e a maneira como falam mostra quem elas são. Podemos fazer uma leitura delas.

— Fred, isso que você falou revela, aparentemente, quem elas são. De fato, é uma perigosa armadilha para quem se arrisca a fazer essa leitura. É como um iceberg, quando a gente olha apenas para a parte que está acima do nível do mar, prontamente nos damos por satisfeitos e começamos a julgar e emitir uma opinião sobre a pessoa. Sendo que, na maioria das vezes, nem ela mesma se conhece com tanta profundidade.

"Existe a parte submersa, que representa quase noventa porcento dessa montanha de gelo e que não está visível. É aquela parte do inconsciente a qual desprezamos, escondemos ou rejeitamos. Nesse lado escuro é onde estão, como você falou, as emoções que nos acorrentam e nos impedem de evoluir nessa jornada chamada Vida."

— Ben, esse é o Lado Sombrio da Força![10]

— Isso mesmo, Padawan.[11]

— Excelente! — Fred vibra com a fala de Benjamin. — Agora ficou fácil. O lado escuro, a parte submersa, é a que traz as emoções de medo, ódio, raiva, culpa, ganância, tristeza, vergonha e tantas outras.

— Agora sou eu quem fala "excelente"! Fred, na parte submersa também tem muita coisa boa que foi sendo guardada e esquecida. É importante tirar a ferrugem e a poeira delas e trazê-las para nos impulsionar e ajudar a neutralizar as emoções negativas.

— Ben, mas as pessoas estão intoxicadas de emoções negativas.

— Fred, todos nós estamos, uns mais e outros mais ainda.

---

[10] A Força é um campo de energia metafísico e onipresente que faz parte do universo ficcional de *Star Wars*, série de filmes criados por George Lucas.

[11] Padawan signica aprendiz, iniciante, e é um termo utilizado nos filmes *Star Wars*. Padawan são crianças que faziam treinamentos para se tornarem um cavaleiro Jedi, os cavaleiros do lado bom da força.

— Por isso devemos manter a prataria sempre brilhando!
— Caramba! Você está brilhante!

Os dois riem e bebem um pouco de água, depois Fred comenta que, hoje em dia, o dinheiro é a principal causa para alimentar esse lado escuro.

— Meu caro, essa é mais uma armadilha. O dinheiro não faz nada. Ele não é nada em si, simplesmente escancara as nossas emoções negativas e positivas.

— Ben, dinheiro é uma energia, um meio que viabiliza as trocas e o acesso às oportunidades.

— Isso mesmo, com ele podemos viabilizar coisas boas e ruins na vida. Seja pelo excesso ou pela falta dele. Mas não é o dinheiro, e sim a conexão que fazemos com as pessoas e o fluxo que damos a ele.

Fred continua ouvindo com atenção e pede exemplos de conexões e fluxos.

— Meu jovem, vamos falar primeiro das conexões. As conexões acontecem entre pessoas, e se manifestam por meio dos dons e dos talentos. O dom nos é concedido por Deus, mas devemos usar essa dádiva em benefício do próximo, da humanidade. Já os talentos são as habilidades com as quais nascemos, são naturais e também concedidas por Deus, mas precisamos aperfeiçoá-las ao longo da vida.

— Ben, isso ainda está confuso para mim.

— Fred, realmente é sutil a diferença entre eles. Talentos e dons espirituais são dádivas divinas, e há semelhanças e diferenças entre os dois, porém ambos são usados em favor de outras pessoas.

"Observe que recebemos os talentos quando nascemos, e os dons, quando nascemos de novo. Quando renascemos, o nosso propósito se encaixa perfeitamente aos nossos dons e servimos ao próximo sem cobrar. É uma generosidade, uma caridade. O fato crucial nesse ponto é que estamos sendo servos.

"Talento é físico ou mental, você já nasceu com ele, poderá desenvolvê-lo ou não. No entanto, o usamos como ofício, para fazer dinheiro. Um dom é algo essencialmente espiritual e poderá lhe ser concedido em qualquer momento da vida.

Talento é físico ou mental, você já nasceu com ele, poderá desenvolvê-lo ou não. No entanto, o usamos como ofício, para fazer dinheiro. Um dom é algo essencialmente espiritual e poderá lhe ser concedido em qualquer momento da vida.

"Por exemplo, ninguém nasce com dom para jogar futebol, nasce com talento e, por meio da prática e de treino, aperfeiçoa esse dom física e mentalmente.

"Por outro lado, desconheço alguém que tenha nascido sábio ou com senso de justiça, e com essas características como herança genética. Com relação à justiça, não falo de juízes que interpretam as leis e as aplicam ponderando entre os direitos e as obrigações dos cidadãos e do Estado, refiro-me à justiça atemporal e universal que vai além das legislações.

"O senso de justiça é um dom, assim como é um dom a sabedoria, e ambos devem ser usados por aqueles que as têm em benefício do próximo, como uma generosidade."

— Agora compreendo. Então, temos dois desafios: buscar conhecer qual é o nosso talento e aperfeiçoá-lo, e estarmos preparados para exercer o nosso dom quando ele se manifestar.

— Fred, que gratidão eu sinto por estar ouvindo você — diz Ben em tom emocionado.

— Ben, com relação ao fluxo do dinheiro, como ele nos afeta?

— Na região do Oriente Médio, há um rio muito importante e famoso, embora o seu curso seja curto, de duzentos e cinquenta quilômetros, quando comparado ao de outros rios de outros países. Trata-se do rio Jordão.

— Perfeito. Inclusive, sei que a história de Jesus se desenvolve, geograficamente, nessa região do rio. Mas o que isso tem a ver com fluxo de dinheiro e a vida das pessoas?

— O rio Jordão nasce nas montanhas e desce, sendo que, em boa parte, ele se encontra abaixo do nível do mar. O interessante é que Jordão significa "aquele que desce".[12] Primeiro ele deságua no Mar da Galileia...

— Ah, eu me lembro da história de pescadores nesse mar, e de Jesus caminhando sobre as águas! Enfim... de muitas passagens da Bíblia — complementa Fred, animado.

---

12 Saiba mais sobre a origem dos nomes em: O QUE você sabe sobre seu sobrenome? *Sobre Nomes*, [s.d.]. Disponível em: https://sobrenomes.genera.com.br. Acesso em: 31 maio 2023.

— Isso mesmo! Depois que ele lança suas águas no Mar da Galileia, o rio segue até desembocar no Mar Morto.

— Ben, já li que a salinidade do Mar Morto é a mais alta que existe.

— Você está certo. A água tem uma salinidade dez vezes[13] maior do que a água dos oceanos. É por isso que, simplesmente, a vida aquática em sua volta não prospera. Para não falar que não há vida, há somente uma bactéria e um tipo de alga que conseguem viver nessas águas e margens. Fred, agora você já consegue perceber o que isso tem a ver com o fluxo do dinheiro na vida das pessoas?

— Ben, você é um sábio, não pode cobrar por isso. É sua obrigação disponibilizar essa sabedoria para os outros.

Ben dá risada e fala para ele não enrolar e concluir.

— Meu velho...

É a primeira vez que Fred o chama dessa forma carinhosa. Em seguida, diz que, como Ben o chama de "Meu jovem", também o chamará de "Meu velho".

Ben sorri em concordância.

— Meu velho, o dinheiro é o rio Jordão, certo?

Ben acena, pedindo que ele continue.

— Existem pessoas que são como o Mar da Galileia, recebem dinheiro e não o retesam, fazem com que ele circule, tiram dele o máximo e o tratam por "dinheiro". Por outro lado, a maioria das pessoas é como o Mar Morto, o dinheiro vem até elas, elas o aprisionam, impedem que ele circule, são vampirizadas por ele e o tratam por "senhor Dinheiro".

Ben levanta-se e o aplaude. Algumas pessoas também começam a aplaudir, imaginando que era aniversário de Fred. Ele faz alguns sinais de agradecimento às pessoas.

— Meu jovem, perfeito!

"Não podemos nos transformar num Mar Morto, senão conviveremos apenas com algumas bactérias e algas, e não teremos nenhuma doçura.

---

13   Fonte: O MAR Morto e a alta densidade. *Brasil Escola*, [s.d.]. Disponível em: https://brasilescola.uol.com.br/fisica/o-mar-morto-alta-densidade.htm. Acesso em: 31 maio 2023.

"Temos que doar parte do dinheiro que conseguimos com os nossos talentos e usar nossos dons para impactar positivamente a vida das pessoas.

"Você quer ser quem, **Mar da Galileia ou Mar Morto?**"

— Mar da Galileia, lógico!

— Tudo o que temos não nos pertence, nos foi emprestado pela vida. Um dia, não sabemos bem ao certo quando, nos será solicitado devolver.

— Ben, isso acontecerá quando morrermos?

— Não necessariamente, para alguns privilegiados será quando renascerem em si mesmos. Assim, o que aprendemos também nos foi ensinado; portanto, temos o dever de transmitir aos outros.

Benjamin conclui dizendo que, somente assim, ficaremos com o fardo mais leve e a nossa caminhada será mais alegre e tranquila.

Temos dois desafios: buscar conhecer qual é o nosso talento e aperfeiçoá-lo, e estarmos preparados para exercer o nosso dom quando ele se manifestar.

As piores dores que o ser humano pode sentir!

"As grandes dores são mudas."

KHALIL GIBRAN

Ao tomar um pouco de água gelada, Fred reclama que seu dente dói e que precisa ir ao dentista.

— Realmente é uma dorzinha chata.

— Ben, dorzinha chata? É um pé no saco! Isso me tira do sério. Assim que chegar, vou ao dentista, sem falta.

— Para você fica fácil, pois o dentista é o seu tio.

— Caramba! Lá vem você de novo. Chega! Pode falar de onde me conhece.

Benjamin dá risada e toma outro gole de vinho.

Inspirado pela situação, Fred pergunta qual é a pior dor que o ser humano pode sentir.

Após um breve pensar, Benjamin responde que nada pode ser mais triste e doloroso do que o choro de uma criança com fome e o fato de sua mãe não ter com o que alimentá-la. Diz que é triste imaginar as lágrimas dessa mãe ao escutar o choro faminto do filho ecoando na noite.

Bem como o lamento de dor de um idoso, por não ter condições de comprar o remédio que vai aliviá-lo. Na noite dolorida, resta somente o choro contido e as lágrimas retidas nos sulcos que o tempo arou em seu rosto.

— Meu jovem, essas são as piores dores que o ser humano pode sentir! Nunca feche os olhos, nem tape os ouvidos, tampouco cruze os braços para elas.

Fred respira fundo, aperta os lábios e olha para Benjamin. Depois, toma um pouco mais de água e não diz nada.

A efemeridade da vida e os mausoléus da minha infância

*"Acho que só para ouvir
passar o vento
vale a pena ter nascido."*

ALBERTO CAEIRO (FERNANDO PESSOA)

Benjamin, após o silêncio de Fred, diz que cada livro, filme, espetáculo, música, pintura com os quais se maravilhou foi uma vida a mais que viveu. Foram mais amores, lugares, sons, cheiros, sabores e cores. Desse modo, ele traz consigo todas as vidas das histórias ouvidas, vistas e lidas. A memória de todas é parte fundamental do que ele é.

Essa é a fórmula que encontra para a efemeridade da vida.

— Fred, você já leu *O velho e o mar*?[14]

— Não, ainda não.

— Então me perdoe pela inveja que tenho de ti.

— Inveja? Por eu ainda não ter lido o livro? — questiona Fred, surpreso.

— Sim! Por ainda não ter conhecido essa história. Gostaria de esquecê-la e, ao lê-la, novamente conseguir reviver todas as sensações que ela despertou em mim no primeiro contato. Isso vale igualmente para todas as belas histórias que já conheci — Benjamin comenta de maneira exultante.

---

[14] HEMINGWAY, Ernest. *O velho e o mar*. Rio de Janeiro: Bertrand Brasil, 2013.

Fred, ao ouvir esse relato e animado pelo vinho, pergunta a Benjamin se tudo isso é medo de que, no meio da noite, a morte venha ceifar sua vida. Pensa consigo mesmo, com uma ligeira satisfação, que dessa vez foi mais rápido que o velho bruxo.

Benjamin suspira, olha para o jovem penetrantemente e pergunta:

— Se você soubesse o dia da sua partida, como seria sua última refeição? Seu último banho? Com quem seria sua última conversa? Como seria sua última noite? Quais seriam seus últimos pensamentos? — Benjamin responde com outras perguntas.

Ao ser surpreendido por elas, Fred diz que nunca havia pensado assim.

— Meu caro, estou numa fase da vida que sou obrigado a considerar a finitude, não pela minha idade, mas porque estou doente e em breve morrerei.

Fred fica desconcertado com a confissão de Benjamin. Sente-se mal e se arrepende de ter feito tal pergunta, por mera vaidade. Percebe que sua verdadeira intenção era confrontar e intimidar Benjamin.

— Fred, sei que está se sentindo desconfortável em razão da minha resposta. O orgulho é traiçoeiro; via de regra, nos empurra para situações que nos causam mal-estar emocional. Mas não se preocupe, estou muito bem.

— Ben, mais uma vez você lê o que estou sentindo e pensando. Me desculpe. Foi uma brincadeira boba de minha parte.

— Meu querido, fique tranquilo. Brincadeiras são sempre bem-vindas. A vida pode ganhar todas as batalhas, mas ainda assim é a morte que, ao final, vence. Esse desfecho já sabemos, mas resistimos, porque algo nos diz que essa luta nos torna dignos perante a vida.

— Confesso que reluto em pensar sobre esse assunto — responde Fred.

— Embora a palavra "reluto", que você usou, não tenha a mesma etimologia de luto, me soou engraçada em nossa conversa. Mas você ainda é jovem, curta seu momento da vida. Curta sua primavera!

— Está certo. Mas, Ben, o que você tem?

— Fui diagnosticado com um câncer considerado agressivo. Os médicos me deram seis meses de vida, sendo os dois primeiros meses com saúde aparente. Depois, começarei a ter dificuldades de locomoção, minha qualidade de vida diminuirá e terei que ficar mais no hospital do que em casa.

— E essa sua viagem? Viajando sozinho? Qual é o objetivo dela?

— Precisava fazê-la sozinho e me despedir de alguém essencial em minha vida.

— É algum filho, neto, amigo ou alguma paixão do passado? — pergunta Fred, tentando levantar o astral da conversa.

— Um pouco de tudo isso. Diria que precisava me despedir do amor da minha vida!

— Ben, observei que você usa duas alianças no dedo da mão esquerda. Você é viúvo, certo?

— Sim. Igual ao seu avô. Quando ele morreu, ele também era viúvo.

— Ben, por favor, me fale quem é você.

— Calma. Tenha um pouco mais de paciência. Agora, respondendo à sua pergunta, se tenho medo da morte, digo que ela somente me causa espanto quando penso nos cemitérios cinzentos e cheios de mausoléus que descansam na imagem da minha infância. Ah! Mas os cemitérios dos filmes de cinema, esses não. Eles são belos, limpos e verdes como os jardins de minha infância — responde Benjamin, rindo, e depois completa: — Peço que não me enterrem nos cemitérios cinzentos e lotados de **mausoléus da minha infância!**

O orgulho é traiçoeiro; via de regra, nos empurra para situações que nos causam mal-estar emocional.

O arrastar de cadeiras

*"A maior batalha que eu travo
é contra mim mesmo."*

NAPOLEÃO BONAPARTE

Depois de algumas taças de água e vinho, Benjamin diz que precisa, com urgência, acompanhar sua amiga ao toalete.

Quando se levanta da cadeira, é interrompido por Fred:

— Qual amiga? Só estamos nós dois aqui.

— A minha inseparável e implacável amiga, Lady Prostate!

Fred olha fixamente para Benjamin e dá uma boa risada. Depois, observa aquele senhor de passada firme caminhar até ao banheiro.

Mais uma vez, fica impressionado com o quanto ele se parece com o seu avô e, um pouco saudoso, imagina que teriam a mesma idade se ele ainda estivesse vivo.

Fred então é despertado pelo arrastar frenético de cadeiras na mesa ao lado. Eram dois homens e duas mulheres acomodando-se com suas bagagens de mão.

Fred fica olhando para eles.

Quando percebe que está encarando um dos homens, volta sua atenção para o celular.

Algum tempo depois, é novamente despertado, só que desta vez por um dos homens da mesa ao lado, que agora está em pé ao seu lado.

O homem pergunta de onde Fred o conhece e se o estava incomodando.

Fred, um pouco surpreso, mas não nervoso, fruto de anos de prática de karatê, levanta-se e, do alto de seu um metro e oitenta e quatro, diz que não os conhece.

O outro homem aproxima-se e pergunta qual é o motivo de ele ter olhado para eles daquele jeito.

Como um freio para o seu velho ímpeto de agir em situações semelhantes a essa, vem à mente de Fred a imagem do homem comendo vorazmente um sanduíche, e a voz de Benjamin ecoa em sua mente: *Meu jovem, não julgue com os olhos, fatalmente você vai se arrepender.*

Essa mensagem traz paz e tranquilidade a Fred que, de maneira irreconhecível, simplesmente sorri e diz aos dois homens:

— Me desculpem se causei esse desconforto a vocês. O barulho do **arrastar de cadeiras** me chamou a atenção, mas não foi minha intenção fazer qualquer coisa para desmerecer ou criticar vocês.

Alguns rolos de arbustos secos empurrados pelo vento parecem passar entre eles.

Uma música de assobio ecoa ao fundo.

Silêncio.

Os homens guardam os revólveres nos coldres.

Fred nem sequer encosta no seu.

O duelo não acontece.

O primeiro, que iniciou a conversa com Fred, diz que realmente fizeram muito barulho ao chegarem e que não pensaram nas pessoas que já estavam lá.

Fred diz que isso acontece, é consequência do estresse dos voos.

Eles se despedem cordialmente e voltam para sua mesa.

Fred se senta, toma um pouco de água e experimenta uma sensação de êxito como nunca havia sentido na vida.

Mais uma vez ecoa em sua mente outra fala de Benjamin: *... venceremos todas as lutas, sem precisar lutar.*

— Parabéns! Gostei da sua atitude.

Desta vez, é Benjamin quem interrompe os pensamentos de Fred.

— Como você demorou! Você sabia o que estava acontecendo e não veio aqui? Ficou simplesmente olhando?

— Estava com Lady Prostate, não podia abandoná-la e vir aqui socorrê-lo. Afinal, você já está grandinho, tem que saber se virar sozinho. Você enfrentará várias situações em que agir dessa maneira será a melhor opção.

"Fred, estou muito satisfeito com você! Ao longo de nossa jornada, sempre encontraremos pessoas que vão arrastar cadeiras e fazer barulho, mas não podemos perder o foco e duelar com todos que atravessam nosso caminho. Por esse motivo, é nosso dever ter uma visão positiva com relação a tudo na vida."

Ao longo de nossa jornada, sempre encontraremos pessoas que vão arrastar cadeiras e fazer barulho, mas não podemos perder o foco e duelar com todos que atravessam nosso caminho.

Ninguém vai para o Inferno porque pecou!

> *"E disse a Jesus: Senhor, lembra-te de mim quando entrares no teu reino. E disse-lhe Jesus: Em verdade te digo que hoje estarás comigo no Paraíso."*
>
> LUCAS 23:42-43

Fred diz que precisam ficar atentos para não serem pegos de surpresa com a alteração do local de embarque ou do horário do voo, bem como vigiar as bagagens que estão na cadeira ao lado.

Benjamin observa que essa fala de Fred o fez lembrar do senhor Ramghad.

— Ele dizia que, depois de muito tempo, compreendeu que a mensagem "Vigiai e Orai" traz um sopro para fora e outro para dentro de nós.

— Já ouvi sobre essa mensagem, mas como assim? Um sopro para fora e outro para dentro?

— O "Vigiai" é direcionado para o nosso exterior. Para tudo que está à nossa volta e que nos cerca. As coisas deste mundo físico, incluindo as pessoas, os objetos e as externalidades em geral. Além disso, existem acontecimentos que nos distanciam da nossa origem, do nosso destino, da nossa essência. Por isso é preciso vigiar e se dedicar ao nosso aprendizado e desenvolvimento.

"O 'Orai' é voltado para o nosso interior, para a nossa dimensão espiritual. É a síntese de uma frase magnífica da Bíblia:

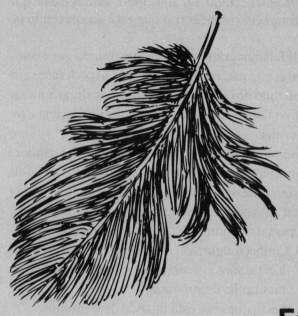

Existem acontecimentos que nos distanciam da nossa origem, do nosso destino, da nossa essência. Por isso é preciso vigiar e se dedicar ao nosso aprendizado e desenvolvimento.

'Aquietai-vos e sabei que eu sou Deus'.[15] Orar é aquietar a mente para ir ao encontro de quem realmente somos, da nossa plenitude desnuda, da nossa essência, do 'Eu Sou'. Fred, lembre-se de que não existe o 'lá fora' sem considerar o que está acontecendo no 'aqui dentro'."

— Mas, Ben, já falamos que vivemos em um mundo que é como um shopping center gigante, com uma rede social poderosíssima e que está o tempo todo nos testando. Como vou acalmar a mente se sou estimulado o tempo todo? Só se eu ganhar na loteria e for viver numa montanha.

— Você situou muito bem o nosso momento atual, embora tenha colocado uma pitada de ironia em sua fala. Realmente é uma luta diária defender-se desse festival de estímulos, mas a vigília e a oração devem ser firmes e ininterruptas.

"Quanto a ir para uma montanha, é uma atitude rigorosa, difícil e antissocial. Conheço algumas pessoas que fizeram isso, mas somente uma foi, de fato, para a montanha e, depois de um tempo, voltou trazendo a montanha dentro de si."

— Caramba, aposto que você está falando de si mesmo.

— Não, Fred. Eu apenas trouxe um vulcão adormecido dentro de mim. Ele não entra mais em erupção e nem solta fumaça, mas ainda não é uma montanha verdejante, embora esteja quase lá — Benjamin finaliza com um sorriso de criança.

— Já sei quem é essa pessoa: o senhor Ramghad!

— Ele mesmo. Como disse, foi ele quem me falou sobre a importância de vigiar e orar. Foi a partir dessa conversa que comecei a jornada de transformar o meu vulcão interior em uma montanha verdejante. Sabe, Fred, demorei para perceber, mas cada um de nós tem o seu pecado de estimação.

— Essa foi boa. Agora pecado virou pet?

— Eu sei que parece brincadeira, mas é sério, aliás, muito grave! Esse pecado de estimação é aquilo que fazemos rotineiramente mesmo sabendo que não nos faz bem, que não acrescenta nada em nosso desenvolvimento e que destrói nossa relação com Deus e com o próximo.

---

15 Salmos 46:10.

"Vou te dar alguns exemplos: vício em jogos, pornografia, fofoca, mentiras, busca por poder e dinheiro a qualquer custo, uso de substâncias psicoativas legais e ilegais, além de outros tantos."

— Ben, as pessoas sabem que estão agindo de maneira errada, mas a questão é que elas têm prazer nisso. E é muito difícil abandonar esse divertimento. Então como sair dessa situação viciante? O que fazer com esse pecado de estimação?

— Simples, mas difícil. Só por meio da vigília e da oração é que alguém toma consciência da real situação em que está e, a partir daí, consegue encontrar outro propósito de vida. Assim, compreenderá que era uma pessoa cega e que um pet a guiava em direção a um abismo.

— Está corretíssimo, mas não é nada fácil.

— Meu jovem, e quem disse que seria? Essas duas palavras poderosas, vigiai e orai, transformam nossa vida e nos protegem contra as crueldades e maldades deste mundo. É uma verdadeira metanoia.

— Ben, essa palavra eu sei o que significa. Meu pai sempre falava que todos nós passamos por um momento na vida em que vivenciaremos uma mudança profunda e radical para encontrar algo superior.

— Fred, seu pai está certíssimo. Para essa renovação acontecer, devemos permanecer em vigília para os nãos e os sins da vida. Pois, acredite, existem nãos que são libertadores.

"Por isso digo que umas das artimanhas mais sorrateiras do Diabo é nos fazer acreditar que vamos para o Inferno por pecar. O pecado, que é dar as costas ao amor de Deus, nos leva apenas e tão somente às portas do Inferno, mas não nos conduz para dentro dele."

— Ben, você falou o oposto do que eu ouvi em toda a minha vida. Agora tudo ficou confuso e nebuloso para mim. Por exemplo, se alguém matar, roubar ou desviar dinheiro que seria destinado para construir escolas e hospitais, ficará livre das consequências?

— Não, é lógico que essa pessoa vivenciará as consequências de seus atos. É a Lei da Semeadura, colhemos o que plantamos.

As nossas ações geram consequências boas ou ruins, é um processo cármico.

— Me lembrei das aulas de Física, a Terceira Lei de Newton: a Lei da Ação e Reação — diz Fred, empolgado com o assunto.

— Ótima lembrança: a toda ação há sempre uma reação oposta e de igual intensidade. Imagine que você tenha uma ação de gratidão para com uma pessoa, então receberá gratidão de volta. Caso tenha raiva, receberá raiva, simples assim.

— Mas, Ben, o que chamamos de Inferno não é a sentença a que toda pessoa responderá por aquilo que fez e causou o seu afastamento de Deus? Além de ter prejudicado os seus semelhantes?

— Você está certo, é isso mesmo. Mas, repito, **ninguém vai para o Inferno porque pecou!** Em outras palavras, vai por não ter vivenciado a humildade de reconhecer que errou e por não pedir perdão. A nossa maior fraqueza é o orgulho! Com o agravante de vir acompanhado da arrogância e da soberba.

"Meu jovem, se as suas raízes descerem até as portas do Inferno e você se sentir abandonado, acredite em mim, ir para o Céu dependerá da sua humildade em buscar a Deus. Nunca se esqueça de que Ele sempre estará contigo, até o último momento, não importa o quão angustiado estejas."

O silêncio se fez presente.

— Agora eu compreendi que não é o ato em si, mas o que a resultante desse ato provocou em mim, e que o ser humano sempre será mais importante que sua ação. Embora o que eu tenha feito traga consequências, e deverei responder por elas, a minha capacidade de reconhecer que errei, de me arrepender, pedir perdão e me reconciliar com Deus é o que de mais puro e honrado me restará.

Benjamin vê um brilho nos olhos de Fred.

O pecado, que é dar as costas ao amor de Deus, nos leva apenas e tão somente às portas do Inferno, mas não nos conduz para dentro dele.

Um bom pedaço de croissant

"Aqueles que não sabem que estão andando na escuridão nunca vão procurar a Luz."

BRUCE LEE

Após algum tempo, os dois resolvem verificar suas mensagens no celular. Benjamin termina primeiro e, após saborear um pouco de vinho, desperta Fred com a seguinte pergunta:

— Qual situação te traz mais segurança: estar com a luz acesa e os olhos fechados ou estar com os olhos abertos e a luz apagada?

Fred, um pouco embriagado, não pelo vinho, mas pelo celular, pede a seu companheiro que repita a pergunta.

Benjamin fala para ele se concentrar e a repete, pausadamente. Em seguida, Fred também toma um pouco de vinho, talvez para ganhar algum tempo e pensar na resposta, e diz que é a primeira situação.

— Meu caro, você está dependendo de luz externa, isso *é porque a sua Luz interna está fraca*.

— Caramba! Você está parecendo o senhor Miyagi[16] — Fred brinca.

— Essa foi boa, Gafanhoto[17] — rebate Benjamin.

---

16 Referência ao personagem do filme *Karatê Kid*, de 1984.

17 Referência ao apelido de um personagem na série *Kung Fu*, de 1975.

— Gafanhoto? — pergunta o rapaz, franzindo a testa.
— Gafanhoto, vá à internet e você verá que a última piada foi minha.

Benjamin dá risada e morde **um bom pedaço de croissant**.

Deserto e ilha desabitada

*"Tenho que continuar respirando
porque amanhã o sol nascerá.
Quem sabe o que a maré poderá me trazer?"*

CHUCK NOLAND, *NÁUFRAGO*

Fred fica concentrado pesquisando quem é Gafanhoto.

Após colocar o celular sobre a mesa, também resolve comer um croissant e, com a boca cheia, fala que gostou do Gafanhoto, que se identificou com ele.

— Eu sabia que você ia gostar, Fred.

Benjamin, alisando a barba e olhando para o jovem, comenta que a vida nos presenteia com um estágio em um deserto ou em uma ilha desabitada.

— Ambos são fundamentais para a nossa depuração e autodescoberta.

— E nós podemos escolher em qual gostaríamos de estagiar? — pergunta Fred.

— É a vida que vai decidir. Ela fará essa escolha e vai nos presentear de acordo com nossas fraquezas.

— Mas qual é o critério para algumas pessoas irem para o deserto e outras, para a ilha desabitada?

— Fred, esses lugares são especiais e únicos, e existem, exclusivamente, dentro de cada um de nós. Em determinado momento da vida, receberemos o chamado para esse estágio. Quando chegar a hora, devemos iniciar a travessia do deserto ou a sobrevivência na ilha desabitada. Somente assim poderemos nos confrontar e resolver algo que nos impede de evoluir.

Benjamin continua com a explicação:

— Em geral, as pessoas inseguras, perfeccionistas, com preocupações excessivas, que não conseguem relaxar, que não se permitem admirar o belo, que são acometidas por medos irracionais e que sofrem de insônia são presenteadas com o estágio na ilha desabitada.

— E por que elas têm que ir para uma ilha desabitada?

— Meu jovem, em uma ilha desabitada você estará só, desacomodado do seu mundo habitual e previsível, não terá controle de absolutamente nada. Terá que sobreviver para renascer.

Fred fica pensativo e diz que os livros e filmes sobre náufragos em ilhas desabitadas abordam a situação dessa maneira.

— Mas, Ben, afinal, quem vai para o deserto?

— As pessoas que são convidadas a atravessar o deserto são pessoas que trazem em si uma carga excessiva de desânimo e baixa autoestima, são depressivas e, ao mesmo tempo, agressivas e consumistas. Elas também têm baixa energia e o hábito de julgar os outros.

— E o que acontecerá com essas pessoas no deserto?

— Ali elas serão tentadas, testadas e confrontadas com seu lado obscuro. Vão ter que enfrentar seus demônios interiores.

— Caramba. Me deu medo agora. Demônios interiores? Quer dizer que as pessoas têm demônios dentro delas?

— Os demônios interiores são tudo aquilo que nos divide e nos afasta da nossa essência. São comandados pelo grande demônio chamado Ego, seguido por outros três menores: o Ter, o Poder e a Vaidade!

— Ben, você foi para qual? Ilha desabitada ou deserto?

— O mesmo para o qual você vai — sentencia ele, dando risada.

— É sério! Para qual você foi? — Fred insiste na pergunta.

— Meu jovem, muito em breve você será chamado. Qual dos dois te dá mais medo?

— Os dois me dão medo.

— Saiba que aquele que lhe causar mais medo será, então, o local do seu estágio.

— Ainda não sei qual me dá mais medo, nem sei para qual local eu iria.

— Um lugar não é melhor do que o outro, são apenas diferentes. Ao final, **deserto e ilha desabitada** são dois lados da mesma moeda e trazem em si as mesmas oportunidades. Em algum momento, todos nós recebemos o convite para esse estágio. Alguns o recusam, enquanto outros o aceitam, e aqueles que o aceitam saem melhores, mais humanos, mais anjos e mais Luz.

— E os que recusam o convite?

Benjamin sorri e diz que não há como recusar esse convite da Vida, e completa:

— Os que tentam, infelizmente não percebem que já estão vagando pelo deserto ou padecendo em alguma ilha desabitada.

— Ben, como podemos atravessar esse deserto ou ser resgatados dessa ilha desabitada?

— Somente quando encontrarmos as respostas.

— Mas quais são as perguntas?

— Meu querido, você as receberá pouco antes do seu chamado.

Um leve sorriso e um profundo silêncio, então, preenchem o espaço entre eles.

Os demônios interiores são tudo aquilo que nos divide e nos afasta da nossa essência. São comandados pelo grande demônio chamado Ego, seguido por outros três menores: o Ter, o Poder e a Vaidade!

Suave como veludo

*"Quando as pessoas
não se expressam,
morrem aos poucos."*

LAURIE HALSE

Benjamin relata que, certa vez, andando de metrô em Nova York, conheceu uma senhora chamada Louise Reedstorm e, entre outras coisas, ela lhe disse que não devemos ter medo de ninguém, não devemos mentir e devemos ter carinho com todos e com tudo.

Também falou que nada é mais triste do que a solidão do palhaço.

Ao despedir-se, quase sussurrando, disse que, quando oramos por nós, a oração tem prazo de validade, mas que, quando oramos pelos outros, ela se torna eterna.

Por isso, devemos ter gratidão quando alguém orar por nós, pois essa oração ecoará por toda a nossa existência, mesmo que a pessoa que a fez já tenha partido.

É como uma estrela já inexistente, cuja luz continua a viajar pelo Universo.

— Ben, achei tudo isso muito nobre, **suave como veludo** e zen, como *tai chi*.

Não devemos ter medo de ninguém, não devemos mentir e devemos ter carinho com todos e com tudo.

Senhor Problema

*"O segredo é quebrar os problemas em
pequenos pedaços administráveis.
Se você lidar com eles,
terminará antes que perceba."*

CALVIN & HAROLDO

Fred interrompe a conversa e diz que precisa atender a uma ligação.
　Após desligar o celular, ele apoia os cotovelos sobre a mesa e a testa sobre as mãos sobrepostas, fecha os olhos e respira fundo.
　Benjamin, observando discretamente, começa a limpar os óculos e pergunta o que houve.
　— Ben, você não consegue ler meus pensamentos? Por que está me perguntando se já sabe?
　— Existem situações em que se expressar é a melhor opção, assim organizamos nosso caos interior.
　— Problemas, Ben, problemas.
　— Fred, algumas pessoas insistem em continuar lutando em guerras já vencidas; outras, em lutar as já perdidas. Eu mesmo lutei muitas batalhas que já estavam perdidas.
　— E quais devem ser lutadas?
　— As que não nos transformam em prisioneiros de nós mesmos.
　— Mas não é fácil quando o problema cai na nossa frente.
　— E quem disse que é? Quase nada é fácil nessa vida. Fred, você acreditaria se eu dissesse que problemas não existem?

Algumas pessoas insistem em continuar lutando em guerras já vencidas; outras, em lutar as já perdidas.

— Ben, você me lembrou meu pai. Quando eu era criança e ficava com medo de monstros embaixo da cama, ele simplesmente vinha com essa conversa mole e falava que eles não existiam! — Fred, levantando a cabeça, responde de imediato com um riso de canto de boca.

— Muito bom você ter se lembrado dessa passagem em sua vida. É isso mesmo, problemas são monstros e, como disse seu pai, monstros não existem! Então podemos concluir que problemas também não existem.

— Essa sua argumentação não passa de falácia e não me engana. Senhor Benjamin, me prove que problemas não existem!

— Senhor Frederico, afirmo que problemas não existem, o que ocorre são diálogos sem conexão com a vida.

Nesse exato momento Fred foca o olhar em Ben.

— Fred, sempre que nos deparamos com alguma situação desfavorável, desconfortável ou que nos prensa contra a parede, a chamamos de problema. Sabe por quê? Porque é mais conveniente. Assim, poderemos transferir a responsabilidade para alguém, no caso, o **Senhor Problema**.

"O fato é que a vida está tentando conversar conosco e nós não estamos conseguindo dialogar com ela. Essa cena vai se repetir até o dia em que esse diálogo acontecer e, finalmente, entendermos a mensagem que ela insiste em nos transmitir."

— Ben, isso tudo está confuso, como em outras vezes.

Benjamin continua na sua argumentação:

— Vejamos: quem me colocou nessa situação que eu chamo de problema? Eu me coloquei, pois todas as minhas escolhas me levaram a esse local chamado problema. Por exemplo, se eu perder o voo, quem será o responsável? Alguém que não me avisou ou eu que não monitorei os horários, as alterações do portão de embarque, dentre outros fatores?

"Meu jovem, o fato de vivermos nossos problemas, muitas vezes intensamente, não nos torna conhecedores deles, das causas e consequências, bem como das possíveis soluções. Caso isso fosse verdade, todos nós seríamos médicos de nós mesmos!

"Fred, esse diálogo que me conecta com a vida somente se transformará em problema se eu não aceitar, agradecer, analisar, agir e refletir sobre a situação vivenciada, caso contrário, a conversa não acontecerá. Assim, eu é que serei o problema e viverei a mesma situação inúmeras vezes, até aprender a dialogar com a vida."

— Ben, nunca pensei que problema poderia ser falta de diálogo com a vida. De onde você tirou essa ideia?

— O senhor Ramghad dizia que não se deve lutar contra o problema. Ele está aí, quer você queira, quer não. Não adianta se esconder ou ignorá-lo e varrê-lo para debaixo do tapete, ou continuar tocando a vida como se não fosse com você. Temos que aceitar que o problema existe, simples assim.

"Depois, ele dizia que devemos agradecer pelo que está acontecendo e começava a citar os mais bizarros exemplos, tipo: 'Bateu o carro? Só aconteceu porque você tem carro. Está doente? Só aconteceu porque você está vivo. Terminou um relacionamento? Só aconteceu porque você estava se relacionando com alguém. Perdeu dinheiro? Só aconteceu porque você tinha algum dinheiro', e assim por diante. Ele tinha o prazer de reduzir nossos problemas a nada ou a quase nada. Sempre falava: 'Você sairá melhor desta situação, acredite'. Era de uma simplicidade irritante!

"Fred, além de aceitar e agradecer, ele falava que deveríamos analisar o problema. Costumava brincar dizendo que, quando enfrentam dificuldades, as pessoas transformam uma pequena e indefesa lagartixa em um crocodilo, ou às vezes num T-Rex, noutras, num dragão e, em algumas, num Godzilla.[18] No fundo, elas adoram agigantar os problemas.

"Mas, cuidado, existem aquelas que fazem o caminho oposto, subestimam o animal e lidam com um dragão como se fosse uma lagartixa. Após esse aviso, senhor Ramghad soltava uma boa risada e concluía: 'Se formos serenos ao analisar o problema, daremos a ele o seu exato tamanho, assim seremos capazes de resolvê-lo'."

— Gostei da analogia dos animais, principalmente a do T-Rex,

---

[18] Godzilla é um monstro gigante fictício que apareceu inicialmente em filmes japoneses de ficção científica e terror.

o meu favorito — Fred solta essa, ao que parece, temporariamente esquecido do telefonema.

— Fred, então é chegado o momento de resolver o problema. Não podemos hesitar. Uma vez que aceitamos, agradecemos e analisamos a situação, devemos agir com autoconfiança, firmeza e humildade. Não pense que todo esse processo demanda uma jornada burocrática.

"Se buscarmos viver em estado de comunhão com a vida, em profunda gratidão diária, conseguiremos fundir as etapas de aceitação, agradecimento e análise ao nosso estilo de vida. Desse modo, saberemos como proceder quando nos depararmos com os chamados problemas simples, aqueles que caracterizam nosso dia a dia."

— Ben, pode me dar exemplos?

— Claro! Imagine a seguinte situação: todos os dias você toma suco de laranja e come ovos no café da manhã. Agora, imagine que você se levanta, vai à cozinha, abre a geladeira e percebe que não há ovos nem suco. Você simplesmente se esqueceu de comprá-los. O que você faz? Escolhe outra opção para o café da manhã e anota o que falta na sua lista de compras.

"Depois de tomar seu banho, você abre o armário com a intenção de vestir aquela roupa especial para uma importante reunião, mas não a encontra, e então se lembra de que ela está suja. O que você faz? Lamenta por poucos segundos e escolhe outra roupa.

"Assim, Fred, vamos administrando os chamados 'problemas simples'. Eles sempre vão existir, logo, devemos nos organizar para que eles não pautem nossa vida."

— Agora está ficando claro para mim. No entanto, nem todos os problemas são simples.

— Correto. Existem aqueles problemas que têm uma dimensão além da nossa percepção do dia a dia.

— São os verdadeiros crocodilos, T-Rex, dragões e Godzillas, certo? — comenta Fred, com uma satisfação de quem matou a charada.

— Isso mesmo! Mas lembre-se de que o Godzilla só existe nos filmes; os dragões, nos contos e filmes; e o T-Rex, embora extinto, também pode ser encontrado nos filmes, e os seus esqueletos em museus. Então, na prática, só existem os terríveis e mortais crocodilos.

Se formos serenos ao analisar o problema, daremos a ele o seu exato tamanho, assim seremos capazes de resolvê-lo.

Nessa analogia, as lagartixas são os problemas simples do dia a dia. Já os crocodilos são os problemas complexos que, se não lhes dermos a atenção e o cuidado necessários, podem nos ferir e até nos matar.

"Já sei que você vai me pedir exemplos, então darei alguns. Imagine um pai de família que perdeu o emprego. É uma situação complexa, que envolve algumas pessoas, questões financeiras, emocionais e de autoestima. Enfim, uma quantidade significativa de variáveis desconhecidas, que se interrelacionam e que, além de serem de difícil solução, ainda tendem a fugir ao controle."

— Caramba, é uma situação terrível. O pai de um amigo passou por algo semelhante.

— Outro exemplo é alguém que teve o carro roubado. É um problema que, em todos os sentidos, causa enorme desconforto; contudo, se a pessoa tiver seguro do veículo, menos mal. Caso contrário, a situação será ainda mais complexa.

"Por fim, suponha um filho que perdeu a mãe para uma doença terminal. É uma situação dolorosa, triste, lamentável, com uma elevadíssima complexidade e de difícil superação. Lembre-se de que o luto é uma das dores mais difíceis de se vivenciar."

— Ben, nesses casos, não dá para ter a mesma postura a exemplo dos problemas do dia a dia. Como fazer, então?

— Meu jovem, o comportamento deverá ser especial, mesmo porque, situações como essas não acontecem no dia a dia, e nem deveriam. Nesses momentos, por pior que seja o sofrimento, deve--se aceitar o que está acontecendo. Posso negar, revoltar-me, fingir que não é comigo, mas assim estarei somente adiando o inadiável.

"Depois, vem a parte mais difícil, agradecer. Por mais improvável que pareça, se você não se sentir grato pelo que está lhe acontecendo, não haverá abertura para o diálogo com a vida. As situações adversas continuarão a ferir e machucar, como num círculo vicioso. Gratidão é a chave que abre todas as portas! Principalmente a mais inacessível delas, a do coração."

Fred fica paralisado com o que está ouvindo.

— Ao analisar uma situação, procure ajuda de alguém que tenha mais vivência e em quem você possa confiar. Tal qual uma bússola, seu coração vai lhe indicar a pessoa certa, pois você estará dialogando com a vida.

"Ao agir, você fará o que tem que ser feito, no tempo certo, sem pressa, sem se precipitar e com prudência. Assim, creia, você terá a sensação de dever cumprido e uma verdadeira paz. Garanto que é um dos melhores prazeres que o ser humano pode experimentar. Aprendi isso com uma grande amiga."

— Nossa, que loucura! — exclama Fred.

— Depois de aceitar, agradecer, analisar e agir, tanto para as situações do dia a dia quanto para problemas complexos, devemos refletir, pois somente assim aprofundaremos o diálogo com a vida.

— Mas, Ben, analisar e refletir não se confundem?

— Fred, ao analisar, terei uma visão racional e intelectual do problema. Vou examiná-lo detalhadamente, decompor as partes e estudar cada uma com relação ao todo, sempre com foco na solução. Análise é fundamental para resolver problemas e enriquecer o diálogo com a vida.

"Por fim, refletir é voltar os pensamentos para o que compreende o problema. Isso nos expõe e nos desnuda, mas também nos dá coragem para cuidar de nós e dos nossos, além de permitir que as ideias germinem. Refletir é dobrar a mente a ponto de darmos à luz um conhecimento desconhecido, para discernirmos o diferente do comum e, finalmente, percebermos uma nova compreensão sobre aquele assunto.

"Desse modo, nos tornaremos melhores em relação ao que erámos antes do problema vivido. O ato de refletir nos levará a ver a situação de outra perspectiva, assim, acontecerá o diálogo com a vida!"

Benjamin complementa dizendo que nenhum problema é maior que o nosso coração.

Após essa fala, ambos ficam calados, até Fred romper o silêncio:

— Ben, sabe aquele telefonema que recebi ainda há pouco?

— Você gostaria de falar sobre ele?

— Sim, gostaria. Na sua analogia, ele é um crocodilo, mas acredito que você já saiba disso, já que lê meus pensamentos, não é?

— Fred, se você se sente confortável em falar, eu terei o maior prazer em escutá-lo, sempre.

— Ben, minha irmã me telefonou dizendo que ouviu uma discussão entre nossos pais, e tudo indica que eles vão se separar. Falei para ela ficar calma, que quando eu chegar a gente conversa, mas terei que passar por todo o processo, não é, Ben? Aceitar, agradecer, analisar, agir e refletir?

— Fred, essa é uma situação complexa. Creio ser prematuro imaginar qualquer coisa sobre ela. Sem sombra de dúvidas, a melhor opção foi falar para sua irmã que vocês vão conversar assim que você chegar. Primeiro, procure se inteirar da situação com sua irmã, depois converse com seus pais.

— Certo. Vou fazer desse jeito, vou conversar com eles.

— *É isso mesmo*. Você terá que passar por todo o processo: aceitar, agradecer, analisar, agir e refletir. No entanto, reitero que, por enquanto, eles se separarem é apenas uma possibilidade. Lembre-se de que, às vezes, uma discussão é somente uma discussão. Além do fato de que pais não se separam, casais, sim.

Fred fica pensativo.

Benjamin respeita o tempo dele.

— Você está certo. Vou falar para minha irmã que nossos pais nunca deixarão de ser nossos pais. Agora, como casal, a minha vontade é de que sejam felizes, preferencialmente juntos.

— Meu jovem, você está começando a dialogar com a vida. Tenho certeza de que serão belas e maravilhosas conversas.

Fred, com os olhos cheios d'água, levanta-se e diz que precisa ir ao banheiro.

Refletir é dobrar a mente a ponto de darmos à luz um conhecimento desconhecido, para discernirmos o diferente do comum e, finalmente, percebermos uma nova compreensão sobre aquele assunto.

EPÍLOGO

Por favor, poderia me acordar?

"O Reino de Deus não vem de modo visível, nem se dirá: 'Aqui está ele', ou 'Lá está'; porque o Reino de Deus está entre vocês."

LUCAS 17:20-21

Fred começa a lavar o rosto e não sente mais os sintomas de mal-estar, consequência da noite anterior.

Olha para o espelho e experimenta uma sensação de paz até então nunca sentida.

Nesse exato momento seu voo é anunciado, e ele continua olhando para sua imagem, respira fundo e sorri de satisfação.

De forma determinada, coloca a mochila nas costas e despede-se daquele jovem que há pouco queria deixar a ressaca ir pelo ralo.

Fred, após confirmar no painel o horário do voo, caminha calmamente em direção a Benjamin e lhe diz que está na hora do embarque.

— Meu jovem, antes de irmos, quero lhe dizer que aprendi a olhar o passado de soslaio. Ele está morto, sepultado, não levanta mais. Na atual fase em que me encontro, não devo jogar esperança no passado, nem frequentar os seus tribunais. O passado e o futuro se localizam no meu presente.

"Tenho que seguir em frente. O meu sol está se pondo, e devo acreditar que ele nascerá amanhã. Em breve, a noite vai me visitar, terei somente a Lua e as Estrelas para guiar meu caminho."

— Ben, e se a noite não trouxer nem a Lua nem as Estrelas?

— Então terei a quietude da mente para me guiar — afirma Benjamin, depois de beber o último gole de vinho.

Eles caminham em direção ao portão de embarque e entram na fila.

À frente deles, uma mulher lê um livro. Fred consegue ler o título do capítulo: "Todas as certezas repousam no campo do imaginário."

Ele olha para Benjamin, que apenas sorri.

Entregam os cartões de embarque à recepcionista e seguem pelo corredor, era a última chamada.

Dentro do avião, seguem na mesma direção.

Somente eles, naquela fileira de assentos, sentam-se.

Quando a comissária dirige-se àquela fileira para conferir se está tudo em ordem, encontra apenas um homem, com cerca de cinquenta anos, que lhe faz o seguinte pedido:

— Por favor, poderia me acordar um pouco antes de aterrissarmos?

Todas as certezas repousam no campo do imaginário.

**Este livro foi impresso
pela gráfica Assahi
em papel pólen bold 70g
em junho de 2023.**